Digitales Storytelling

Simon Sturm

Digitales Storytelling

Eine Einführung in neue Formen des Qualitätsjournalismus

 Springer VS

Simon Sturm
Köln, Deutschland

ISBN 978-3-658-02012-5   ISBN 978-3-658-02013-2   (eBook)
DOI 10.1007/978-3-658-02013-2

Die Deutsche Nationalbibliothek verzeichnet diese Publikation in der Deutschen National-
bibliografie; detaillierte bibliografische Daten sind im Internet über http://dnb.d-nb.de
abrufbar.

Springer VS

Gedruckt auf säurefreiem und chlorfrei gebleichtem Papier

Springer VS ist eine Marke von Springer DE. Springer DE ist Teil der Fachverlagsgruppe
Springer Science+Business Media
www.springer-vs.de

Vorwort

Das Jahr 2012 markiert eine Wende im Journalismus. Nicht nur in den USA haben sich zahlreiche Printmarken wie zuletzt das Nachrichtenmagazin *Newsweek* entweder ins Digitale oder ganz verabschiedet. Auch hierzulande gilt der Untergang gleich zweier großer Medienmarken – die Insolvenz der *Frankfurter Rundschau* und die Einstellung der *Financial Times Deutschland* – gemeinhin als Zeichen, dass es nun selbst überregionalen Zeitungen an den Kragen geht. Und auch der Schuldige ist schnell gefunden: das Internet mit seiner gnadenlosen Kostenlos-Kultur, gegen die kaum ein gedrucktes und kostenpflichtiges Verlagsprodukt mehr ankommt. Manche zweifeln sogar daran, dass sich mit hochwertigem und dadurch aufwendigem Journalismus überhaupt noch Geld verdienen lässt – beste Zeiten für Schwarzmaler. Aber ist es wirklich so einfach, wie diese unken? Liegt es wirklich nur an den veränderten Marktbedingungen, mit denen der Qualitätsjournalismus alter Schule in der digitalen Medienwelt zu kämpfen hat?

Nein, es ist komplizierter. Die vermeintliche Wende wurde vor allem durch ein geändertes Nutzungsverhalten einer Generation von Medienkonsumenten ausgelöst, die sich mittlerweile wie selbstverständlich ortsungebunden, geräteunabhängig und rund um die Uhr informieren wollen – und zwar dann, wenn sie es möchten und auf der Plattform, die gerade am besten in ihre aktuelle Alltagssituation passt. Nicht erst zu einem festgelegten Zeitpunkt, wenn eine Zeitung gedruckt ist und in den Briefkasten flattert oder eine Sendung nach einem festem Programmschema über ein häusliches Empfangsgerät ausgestrahlt wird. Die alten Trennlinien zwischen den Medien verschwimmen, ihre Funktionen verschmelzen: Immer mehr Menschen schauen Fernsehen über das Internet (über Mediatheken, HbbTV, Youtube, Vimeo usw.), lesen Magazine und Bücher auf Tablets (per Apps oder eBooks) und hören Radio über ihr Smartphone (Streamingdienste).

Auch wenn diese Entwicklung täglich im Alltag zu beobachten ist und eigentlich keinen mehr überraschen dürfte: Von vielen Medienmachern wurde die digitale

Wende verpasst oder zumindest unterschätzt. Viel zu lange wurde versucht, an alten Geschäftsmodellen festzuhalten, anstatt mit Mut und neuen Ideen die digitale Zukunft anzugehen. Genau hier setzt dieses nah am Redaktionsalltag orientierte Buch an. Es soll angehenden und bereits im Beruf stehenden Journalisten, aber auch allen anderen Medienschaffenden Mut machen und zeigen, dass es trotz aller Unkenrufe und wegbrechender Geschäftsmodelle auch viele Chancen gibt – Chancen für neue Formen des Qualitätsjournalismus, wie es beispielsweise die *New York Times* vorgemacht hat mit ihrer Multimedia-Reportage „Snow Fall: The Avalanche at Tunnel Creek". In sehr geschickter Verknüpfung von Text mit Foto-und Videoelementen werden dort die Erlebnisse von Lawinen-Opfern geschildert. Ein Paradebeispiel dafür, welche multimedialen Potenziale das Internet für journalistisches Storytelling bietet.

Dieses Buch soll eine Einführung in die Möglichkeiten der digitalen Welt geben, in der Journalisten völlig neue Darstellungsformen entdecken, das Storytelling von morgen entwickeln können. In praxisnaher Art und Weise soll gezeigt werden, dass qualitativ hochwertiger Journalismus und multimediales Storytelling keine Gegenpole sind, sondern im gegenseitigen Wechselspiel einen wesentlichen Mehrwert für die Nutzer darstellen. Insbesondere geht es dabei auch um die Möglichkeiten des digitalen Storytellings auf mobilen Endgeräten wie beispielsweise Tablet-Computern. Denn die zunehmende Bedeutung digitaler Plattformen bringt nicht bloß zusätzliche Ausspielkanäle, redaktionelle Umstrukturierungen und neuartige, crossmediale Vermarktungsformen mit sich. Es verändern sich auch die traditionelle Rolle vieler Journalisten und deren altbewährte Erzählformen. Der Wandel journalistischer Formate stellt den Kern dieser praktischen Einführung dar, die am Ende in einer ausführlichen Typologie mündet, in der eine Vielzahl digitaler Darstellungsformen im Einzelnen erklärt wird. Zudem gibt es einen Webauftritt zum Buch, der das einmal Gedruckte weiterführen und digital begleiten soll.

→ Website zum Buch: www.digitales-storytelling.de

Die erste Idee zu diesem Buch entstand bereits im Sommer 2010 – einer Zeit, in der sich viele Medienmacher fragten, was denn nun dieses gehypte Apple-Produkt namens iPad für den Journalismus bedeutet. Ist es tatsächlich die Rettung der von Krisen gebeutelten Printbranche? Bietet es die Chance, endlich Paid Content mit digitalen Inhalten zu schaffen? Oder ist es bloß ein nettes Spielzeug, das bald wieder alle vergessen haben? Aus damaligen Gesprächen mit Kollegen und der allgemeinen Berichterstattung über die Tablet-Pläne der Verlagshäuser war zu erkennen, dass eine große Unsicherheit bei den Medienmachern herrscht, wie neue Plattformen wie Tablet-Computer mit Inhalten gefüllt werden sollen. Reicht es, die Print-Inhalte wie bei einem einfachen e-Reader auf eine App-Ausgabe zu übertragen? Oder müssen journalistische Geschichten auf digitalen Plattformen im Vergleich zu den klassischen

Ausspielwegen Print, Fernsehen und Radio ganz anders erzählt werden? Und wenn ja: Wie sehen diese neuen Darstellungsformen aus? Die Neugier war geweckt, die ersten Recherchefragen zu diesem Buch gestellt.

Um sich möglichst fundiert den Antworten darauf zu nähern, wurden Hintergrundgespräche mit acht Experten aus verschiedenen Medienbereichen geführt, die an vielen Stellen dieses Buches zitiert werden. Das Ziel der Gespräche: Denkanstöße und Erkenntnisse darüber gewinnen, welche Chancen digitales Storytelling für die redaktionelle Praxis und die konkrete Weiterentwicklung journalistischer Darstellungsformen bietet. Denn bisher ist zu diesem Thema nur wenig Fachliteratur erschienen und auch die praktischen Erfahrungen mit Formaten auf mobilen Endgeräten wie Tablets stehen bislang nur am Anfang einer Reise, von der noch keiner genau sagen kann, wohin sie einmal führen wird. Alle für dieses Buch verwendeten Recherchequellen werden im Anhang in einem ausführlichen Quellenverzeichnis aufgeführt. Innerhalb der einzelnen Kapitel werden zur besseren Lesbarkeit in der Regel nur jene Quellen genannt, aus denen wörtlich zitiert wird.

Bei der Auswahl der interviewten Experten wurde darauf Wert gelegt, dass sie unterschiedliche berufliche Positionen und Medienschwerpunkte haben, damit ein möglichst breites Spektrum an Sichtweisen und Meinungen zusammenkommt. Mein herzlicher Dank für die Zusammenarbeit und die spannenden Gespräche gilt: Gabriele Fischer (Chefredakteurin von *brand eins*), Fabian Mohr (Ressortleiter Multimedia bei *Zeit Online*), Jens Radü (Multimedia-Redakteur beim *Spiegel*), Kai Jörg Sadrozinski (ehemaliger Redaktionsleiter von *tagesschau.de*, seit 2011 Leiter der Deutschen Journalistenschule in München), Daniel Nauck (Geschäftsführer der Produktionsfirma *2470media*), Marcus Bösch (Dozent und Game-Designer), Wolfgang Luef (Tablet-Redakteur beim *Süddeutsche Zeitung Magazin*) und Lorenz Matzat (Datenjournalist).

Aber auch allen anderen Menschen, die bei der Entstehung dieses Buches beteiligt waren, möchte ich herzlich danken: den Professoren Klaus Meier und Michael Steinbrecher, die meine diesem Buch zugrunde liegende Diplomarbeit am Institut für Journalistik an der TU Dortmund betreut haben, den Korrektoren für ihre Anregungen und den letzten Schliff, den Verlagsmitarbeitern von *Springer VS*, wie auch meinen Arbeitskollegen, durch die ich immer wieder über Neues stolpern und staunen darf. Vor allem aber möchte ich meiner Familie und meinen Freunden für ihre fabelhafte Unterstützung in all den Jahren danken!

Und jetzt lasst sie uns angehen: die digitale Zukunft des Journalismus …

Dem Autor auf Twitter folgen:
@simon_sturm

Köln, Januar 2013   Simon Sturm

Inhaltsverzeichnis

Abbildungen

Tabellen und Checklisten

Es gibt keine neuen und alten Medien, nur Werkzeuge, um Geschichten besser zu erzählen.

(Lampert und Wespe, 2011)

Das mobile Lagerfeuer

Zusammenfassung

Das erste Kapitel beginnt mit einer kurzen Geschichte zur Erfindung des Mikrochips und seiner Bedeutung für die Digitalisierung der Medien. Anschließend wird dem Leser eine Einführung in das Thema des Buches gegeben und ein kurzer Überblick über die einzelnen Kapitel verschafft.

So wie ein zunächst kaum sichtbarer Funken innerhalb weniger Sekunden ein riesiges, kilometerweit sichtbares Feuer auslösen kann, beginnen große gesellschaftliche Veränderungen oft mit einem kleinen Detail.

Die Geschichte zum folgenden Detail beginnt so: Es ist das Jahr 1958, als der Ingenieur Jack Kilby als Angestellter bei Texas Instruments keinen Urlaub bekommt und im Labor bleiben muss, während seine Kollegen in die Ferien fahren. Mit teils geborgter, teils improvisierter Ausrüstung arbeitet er also den Sommer über weiter und baut den ersten integrierten Schaltkreis, der aus nicht viel mehr besteht als einem einzelnen Stück Halbleiter-Material – etwa so groß wie eine Büroklammer. Zu diesem Zeitpunkt ahnt Kilby noch nicht, dass er mit dieser Erfindung einmal Geschichte schreiben würde – ja, sogar später mit dem Nobelpreis für Physik ausgezeichnet werden wird.

Denn der von ihm entwickelte integrierte Schaltkreis gilt heute als die wichtigste Grundlage für den Mikrochip. Die Digitalisierung der Medien und die aus ihr entstandene Informationsgesellschaft wären ohne diese kleine Erfindung nicht möglich gewesen. In jedem Computer, in einem Desktop-PC genauso wie in einem Tablet, in jedem Smartphone, mit dem Menschen von unterwegs das Internet nutzen: Im Kern steckt überall ein Mikrochip. Er ist das entscheidende Detail, das die Miniaturisierung und Flexibilisierung größerer Rechensysteme ermöglicht und damit ein mobiles Lagerfeuer entfacht hat.

S. Sturm, *Digitales Storytelling*, DOI: 10.1007/978-3-658-02013-2_1,
© Springer Fachmedien Wiesbaden 2013

Die Erfindung des Mikrochips hat dazu geführt, dass sich im 21. Jahrhundert immer mehr Menschen zu jeder Zeit an fast jedem Ort dieser Welt mit einem mobilen Gerät austauschen, vernetzen und informieren können. Das mobile Gerät wird zum flexiblen Alleskönner, zum täglichen Begleiter, der einen neuen Massenmarkt erobert und ein neues Lebensgefühl prägt: den „Mobile Lifestyle". Smartphones und Tablets werden zur Fernbedienung des Lebens.

1.1   Im Sog der Digitalisierung

Die Entwicklung des Mikrochips hat die alten Gesetze zwischen Medienmacher und Medienkonsument zunehmend auf den Kopf gestellt. Eine technische Errungenschaft zeigte anfangs nur vereinzelt, mittlerweile für alle sichtbar ihre gesellschaftlichen Auswirkungen: die digitale Mobilisierung von menschlicher Kommunikation und Medieninhalten. Die Digitalisierung verändert teilweise fundamental die Art und Weise, wie Menschen Arbeitsabläufe organisieren, Informationen verarbeiten, Nachrichten aufnehmen und verbreiten, kurz: wie wir miteinander kommunizieren. Manche Wissenschaftler sehen in der Digitalisierung gar einen kulturellen Umbruch, „der ähnlich wie die Einführung des Buchdrucks im 15. Jahrhundert nachhaltige und globale Auswirkungen auf die Gesellschaft haben wird" (Malaka et al. 2009, S. 33).

Gerade Print-Verlage bekommen diese Entwicklung seit Jahren zunehmend zu spüren und kämpfen mit mächtigen Verlusten – an Anzeigen, an Lesern und an verkaufter Auflage. Beispiel Tageszeitungen: Hier zeigen die Auflagenzahlen der letzten 20 Jahre einen kontinuierlichen Trend nach unten. Im Jahr 1991 wurden sie, so beziffert es der Bundesverband Deutscher Zeitungsverleger, noch rund 27,3 mio Mal am Tag in Deutschland verkauft; im Jahr 2012 konnten nur noch 18,4 mio Tageszeitungen an die Leser gebracht werden.

Dem gegenüber wächst die Verbreitung digitaler Inhalte. Aus Zeitungen werden ePaper oder App-Ausgaben, aus Büchern eBooks, aus Radiosendungen Podcasts, aus Lexika werden Wikis und aus Tagebüchern Weblogs. Nach Zahlen des Instituts für Demoskopie Allensbach nutzten im Jahr 2011 bereits 17 Prozent der Deutschen das mobile Internet über Handy oder Smartphone. Die folgende Grafik zur Entwicklung der mobilen Internetnutzung zeigt – gegenläufig zu den Auflagenzahlen von Tageszeitungen – ganz klar in eine Richtung: nach oben (Abb. 1.1).

Bei den 16 bis 24-Jährigen in Deutschland waren es nach einer Befragung des Bundesverband Digitale Wirtschaft (BVDW) im Jahr 2011 sogar schon 65 Prozent, die das mobile Internet nutzten. Die Tendenz zeigt: Gerade junge Menschen

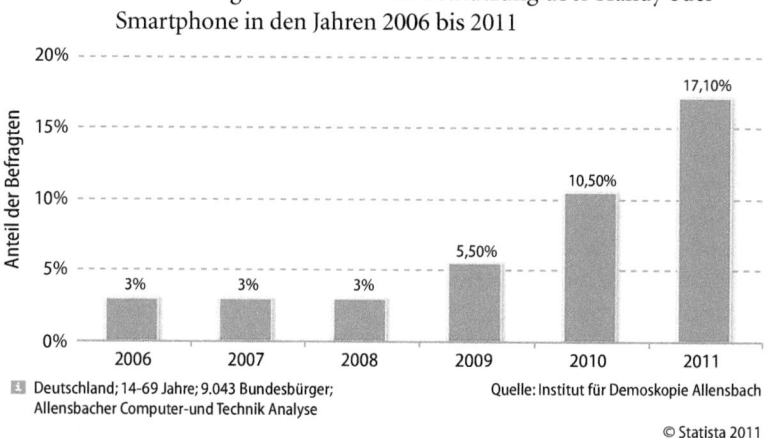

Entwicklung der mobilen Internetnutzung über Handy oder Smartphone in den Jahren 2006 bis 2011

Deutschland; 14-69 Jahre; 9.043 Bundesbürger; Allensbacher Computer-und Technik Analyse

Quelle: Institut für Demoskopie Allensbach

© Statista 2011

Abb 1.1 Immer mehr Menschen nutzen das mobile Internet (*Quelle* Statista)

informieren sich und kommunizieren zunehmend über mobile Multimedia-Geräte, die sie fast immer in ihrem Alltag bei sich tragen. Einen kleineren Bildschirm nehmen sie für diesen Vorteil gerne in Kauf, zumal Smartphones und Tablets noch weitere viel versprechende Möglichkeiten mit sich bringen. Ein Beispiel sind sogenannte Location Based Services, die es ermöglichen, über ein internetfähiges Endgerät verschiedenste Informationen und Aktionen mit dem aktuellen Standort des Nutzers zu verknüpfen. Auf diese Weise können sich mobile Nutzer nicht nur über nahegelegene Kaufangebote oder Bekannte in ihrer Umgebung informieren, sondern beispielsweise auch ortsgebundene, auf ihren aktuellen Standort bezogene Nachrichten abrufen[1] – eine Option, die auch für klassische Medienhäuser neue Wege eröffnet.

Doch was bedeuten diese Entwicklungen grundlegend für den Journalismus und seine traditionellen Darstellungsformen? Werden hier bloß analoge Datenträger nach und nach durch digitale ersetzt? Oder bedeutet die Übertragung geistiger Inhalte auf neue digitale und mobile Plattformen auch einen Wandel in der Produktion und Rezeption dieser Inhalte? Der Medientheoretiker Marshall McLuhan[2] hat mit seinem Satz „The medium is the message" die treffende

---

[1] Siehe dazu bspw. die Applikation Wikihood. Kurz-URL: http://bit.ly/12RQ2RD.

[2] Marshall McLuhan (1911–1980) gilt als einer der Pioniere der Medientheorie, der schon zu einem sehr frühen Zeitpunkt den elektronischen Medien eine große Bedeutung beigemessen hat.

Antwort bereits vorweggenommen. Denn durch die Digitalisierung von klassischen Medienarten wie Text, Foto oder Video ändert sich auch die Natur dieser Medien, die eben nicht nur durch ihren Inhalt bestimmt werden, sondern auch durch ihre äußerliche Erscheinung, durch ihre technische Grundlage. Auch die Form einer Nachricht ist wichtig für den Inhalt. Umso erstaunlicher mag es da erscheinen, dass sich nicht wenige Journalisten weiterhin an den altbewährten Darstellungsformen festklammern, die aus der analogen Welt stammen, noch bevor es Smartphones, Tablets, immer günstigere Daten-Flatrates und 4G gab – die vierte Generation im Mobilfunk.[3]

Mittlerweile sind mobile, internetfähige Geräte nicht mehr aus dem Lebensalltag vieler Menschen wegzudenken. In absehbarer Zeit wird in Deutschland wie auch anderswo wohl nur noch eine Minderheit nicht über ein internetfähiges Handy verfügen. Wollen Journalisten auch künftig mit ihren Inhalten eine breite Masse erreichen, dürfen sie diese Entwicklung nicht aus den Augen lassen. Sie müssen bereit sein, „immer wieder neue Recherchemöglichkeiten und Erzählformen auszuprobieren und in den eigenen Workflow zu integrieren" (Gutjahr 2011, S. 543). Auf neuen digitalen Plattformen wie Tablet-Rechnern und Smartphones müssen Nutzer von Verlagen und Rundfunkanbietern anders angesprochen, muss medial anders erzählt werden. Das journalistische Storytelling muss sich verändern, damit die Digitalisierung der Medien – das mobile Lagerfeuer – keine Bedrohung darstellt, sondern eine Chance für den Journalismus.

1.2   Chance für Innovationen

Medienwandel ist stets auch eine Abfolge von unterschiedlichen Medienformaten.
Medien haben im Verlauf ihrer Geschichte immer wieder neue Aufgaben übernommen, zu deren Erfüllung jeweils neue publizistische Routinen entstanden sind.
(Bucher et al. 2010, S. 9)

Der technische Medienwandel war auch in der Vergangenheit immer schon mit einem Wandel der Medienformate verbunden. Die Geschichte klassischer Medien wie die des Fernsehens oder Radios zeigt: Mit ihrer Einführung entstanden Darstellungsformen, die es zuvor nicht gegeben hat. Ähnlich wird heute in Online- oder Tablet-Redaktionen diskutiert, wie mit den neuen Möglichkeiten

---

[3] Die vierte Mobilfunkgeneration wird auch Long Term Evolution genannt (kurz: LTE). Mit ihr sind Übertragungsraten von 100 Megabit pro Sekunde möglich.

der Digitalisierung umgegangen werden soll: Was bedeutet das zunehmende crossmediale Zusammenwachsen der Medienarten Text, Bild, Audio, Grafik und Video auf digitalen Plattformen? Wann sollte welches Medium wie eingesetzt werden? Welche neuen Formen entstehen daraus? Und was erwarten die Nutzer?

Bis solche Fragen in den Köpfen von Medienmachern auftauchen und schließlich umgesetzt werden, sind jedoch bisher oftmals einige Lehrjahre verstrichen, in denen eher passive Ratlosigkeit und vorsichtiges Abwarten als Innovationsfreude herrschte. Der renommierte US-amerikanische Journalist und Blogger Jeff Jarvis spricht gar von einem „kriminellen Mangel an Innovation", der vor allem bei Regionalzeitungen herrsche, weil die Verlage versuchten, ihre historisch gewachsenen Produkte zu schützen. Dabei sehen nach einer Studie im Auftrag der Friedrich-Ebert-Stiftung viele Journalisten, Verleger und Medienwissenschaftler das Internet als das Medium der Zukunft an, das die größte Flexibilität und Offenheit gegenüber Innovationen und neuen journalistischen Darstellungsformen bietet.

Innovationen in der Vermittlung von Informationen sind vor allem an mediengerechte Darstellungsformen gekoppelt, die durch die Digitalisierung der Medien und eine zunehmende Mobilisierung des Nutzungsverhaltens möglich werden. Teilweise entstehen ganz neue Formen des journalistischen Storytellings auf digitalen Plattformen. Im Unterschied zum Journalismus in klassischen Medien ist digitaler Journalismus dabei neben seiner neuen mobilen Dimension im Wesentlichen durch folgende sechs Eigenschaften geprägt:

- Globalität
- Multimedialität
- Hypertextualität
- Interaktivität
- Aktualität
- unbegrenzte Speicherkapazität

Über diese Charakteristika hinaus, die im Prinzip die Grundeigenschaften des Internets beschreiben, befinden wir uns in einer mediengeschichtlichen Phase, in der sich die zwischenmenschliche Kommunikation, der Austausch von Informationen und damit die journalistischen Darstellungsformen fundamental wandeln.

Der Onlinejournalismus in Deutschland wurde dabei in den ersten Jahren seiner Entstehung zunächst von vielen als eine Fortsetzung des Printjournalismus auf einer anderen technischen Plattform missverstanden. Die journalistischen Inhalte wurden oftmals fast eins zu eins übertragen – ein Phänomen, das sich in der Mediengeschichte zu wiederholen scheint. Dem digitalen Journalismus ergeht es da wie zuvor schon dem Kino, das zunächst verfilmtem Theater glich.

Die Regeln guter Kameraführung wurden erst nach und nach entwickelt. Ähnlich war es bei Einführung des Radios, das in seiner Anfangszeit eher einer vorgelesenen Zeitung entsprach, während das darauf folgende Fernsehen eher bebildertem Radio glich. Viele der damaligen Radio- oder Fernsehjournalisten hatten ihr Handwerk in den Printmedien gelernt und deshalb versucht, die gewohnten journalistischen Qualitätskriterien auf Radio und Fernsehen zu übertragen. Es scheint, als müssten immer erst ein paar Lehrjahre im Journalismus verstreichen, bis für ein neues Medium seine ganz eigenen Erzählmöglichkeiten entdeckt und ausprobiert werden.

Um diese medieneigenen Möglichkeiten, um die neuen Formen des digitalen Journalismus soll es in dieser praktischen Einführung gehen – ob auf einem herkömmlichen Heim- oder Bürorechner, auf dem Laptop, Tablet, Smartphone oder weiteren mobilen Endgeräten, die in Zukunft noch auf den Markt kommen werden. Eine wichtige Leitfrage dabei soll stets sein: Welche Story, welcher Aspekt eines Themas passt am besten in welchen Medienkanal? Denn mit dem digitalen Wandel verändern sich zwar nicht gänzlich die alten journalistischen Tugenden und sämtliche Handwerksregeln, sehr wohl aber die journalistischen Darstellungsformen, die während der vergangenen Jahrzehnte zwar in vielen Lehrbüchern definiert wurden, aber in der dortigen Fassung oftmals veraltet daher kommen, wenn man sie auf mobile, digitale Medien übertragen wollte.

Die Digitalisierung bietet in Verbindung mit dramaturgisch durchdachtem Storytelling für jeden Journalisten die Chance, neue Formen des Qualitätsjournalismus zu entdecken. Dabei geht es keinesfalls bloß um die reine Verpackung, sondern um den uralten Kern journalistischer Arbeit: eine Information auf die bestmögliche Weise zu seinem Empfänger zu bringen.

1.3   Leitfaden durch das Buch

Digitales Storytelling ermöglicht nicht bloß eine ganze Palette neuer, innovativer Darstellungsformen, sondern bietet auch die Chance, die Qualität im Journalismus nachhaltig zu verbessern. Deshalb soll im folgenden → Kap. 2 zunächst definiert werden, was Qualitätsjournalismus im digitalen Zeitalter ausmacht. Denn auch wenn die Medienbranche durch Auflageneinbrüche, das Social Web, mobile Endgeräte und ein allgemein gewandeltes Mediennutzungsverhalten ordentlich aufgewirbelt wird: Entscheidend für guten Journalismus bleiben nach wie vor einige alte Handwerksregeln, die lediglich eines kleinen Updates bedürfen, aber nicht über Bord geworfen werden sollten. In diesem Kapitel wird genauer herausgearbeitet, welche Kriterien qualitativ hochwertigen Journalismus ausmachen, welche Rolle beispielsweise Recherche, Nutzerführung oder journalistische Dramaturgie spielen.

Ob in einer gedruckten Tageszeitung oder einer multimedialen Tablet-App einer Wochenzeitschrift: Gute Geschichten faszinieren seit jeher die Menschen – ganz gleich auf welcher Plattform. Kenntnisse über Kameratechnik, Videoschnitt-Programme oder Software-Tools können einem Journalisten zwar nicht schaden, das Wichtigste ist und bleibt aber die Fähigkeit, spannende Geschichten zu recherchieren und sie sowohl korrekt als auch ansprechend zu erzählen. Digitales Storytelling knüpft an diese Tradition an, indem es uralte Erzähltechniken, wie jeder sie vom Lagerfeuer her kennt, mit dem Einsatz digitaler Medien verbindet. Die wichtigsten Grundlagen dazu sollen → im Kap. 3 vorgestellt werden.

Das Erzählen auf digitalen Plattformen erfordert zudem noch eine journalistische Fähigkeit, die ebenfalls in diesem Kapitel beschrieben werden soll: den kompetenten Umgang mit den verschiedenen Medienarten, die auf digitalen Plattformen kombiniert werden können. Nur wer sowohl die Stärken als auch die Schwächen von Text, Foto, Video, Audio und Grafik kennt, kann die verschiedenen Medienarten in der redaktionellen Praxis richtig einsetzen. Kurze Checklisten zu jeder Medienart geben am Ende der Abschnitte nochmals gebündelt einen Überblick darüber.

Ein digitales Endgerät, das die multimediale Verbindung aller Medienarten auf eine für die Medienbranche viel versprechende Weise ermöglicht, ist der Tablet-Computer – und hier bisher allen voran das iPad aus dem Hause Apple. Nach einem kurzen Abschnitt über den 2010 einsetzenden iPad-Hype soll → im Kap. 4 die Technologie des Tablet-Computers vorgestellt werden und seine Rolle für den digitalen Wandel im Journalismus. Insbesondere die gerätespezifische Navigation und die mit ihr verbundenen Möglichkeiten der Nutzerführung bieten ein spannendes Experimentierfeld, das von den Medienanbietern sehr unterschiedlich beackert wird. Die Vorstellung der bisher typischen Tablet-Formate gibt einen aktuellen Einblick in die journalistische Praxis digitalen Storytellings auf Tablets. Anhand einer kurzen Manöverkritik einer iPad-Ausgabe des Wirtschaftsmagazins *brand eins* soll beispielhaft verdeutlicht werden, worin die besonderen Möglichkeiten der neuen Endgeräte liegen und wie auf ihnen die Erkenntnisse aus dem vorangegangenen Kapitel angewendet werden könnten.

Der Blick über den Tellerrand hat noch nie geschadet. Trotzdem wird er in vielen Medienhäusern nur zaghaft gewagt. Dabei bietet neben der Buch-oder Musikbranche gerade auch die Welt der Computerspiele spannende Denkanstöße, die auch für den Journalismus von Wert sein können. → Im Kap. 5 soll deshalb ein interdisziplinärer Zusammenhang zwischen interaktivem Storytelling als Lernmethode, Erkenntnissen aus der Computerspiel-Forschung und journalistischem Storytelling erläutert werden. Insbesondere die Interaktivität und das wahrnehmungspsychologische Phänomen des Flow-Erlebnisses beim Spielen vom Computerspielen bieten interessante Erkenntnisse, wie journalistisches Storytelling auf digitalen Endgeräten weiterentwickelt und verbessert werden kann.

→ Im Kap. 6 wird beschrieben, dass mit einem Wandel der Medien auch immer ein Wandel der Darstellungsformen verbunden ist. Zudem wird erklärt, warum diese schon aus berufspraktischen Gründen überhaupt definiert werden sollten. Dabei werden auch die typischen Merkmale von Darstellungsformen auf digitalen Plattformen herausgearbeitet, um darauf aufbauend schließlich → im Kap. 7 eine ausführliche Typologie digitaler Darstellungsformen aufzustellen. Dabei wird grundlegend zwischen mediumorientierten und funktionsorientierten Darstellungsformen unterschieden, die sich dann wiederum in einzelne Untergruppen gliedern. In nicht wenigen Fällen ist eine exakte Abgrenzung der Formen jedoch kaum machbar, da insbesondere auf digitalen Plattformen die Grenzen zwischen Medienarten und -formen verschwimmen. Wer die Möglichkeiten digitalen Storytellings entdecken und anwenden möchte, muss sich auf eine permanente Betaphase einstellen – Ende offen.

Deshalb startet ergänzend zu diesem Buch auch eine Website, auf der die aktuellen Entwicklungen des digitalen Storytellings weiterführend begleitet und herausragende Beispiele aus der Praxis vorgestellt werden.

→ Website zum Buch: www.digitales-storytelling.de

Es zählt die gute Story

2

*Nicht Print oder Online ist wichtig, sondern die Geschichte,
auf welcher Plattform auch immer sie gelesen wird.*
(Alan Rusbridger, Chefredakteur des *Guardian*)

Zusammenfassung

Digitales Storytelling ermöglicht nicht bloß eine ganze Palette neuer, innovativer Darstellungsformen, sondern bietet auch die Chance, die Qualität
im Journalismus nachhaltig zu verbessern. Im zweiten Kapitel wird deshalb zunächst definiert, was Qualitätsjournalismus im digitalen Zeitalter
ausmacht. Zudem wird herausgearbeitet, welche Kriterien qualitativ hochwertigen Journalismus ausmachen, welche Rolle beispielsweise Recherche,
Nutzerführung oder journalistische Dramaturgie spielen.

Qualitativ hochwertiger Journalismus – ob klassisch auf Papier oder auf einem
digitalen Endgerät – besteht vor allem aus zwei Zutaten: einer guten Geschichte
und Tiefgang. Die fundierte Recherche von Hintergründen und die inhaltliche
Qualität bleiben die wichtigsten Grundpfeiler von Journalismus, für den auch in
Zukunft Menschen bereit sein werden, Geld auszugeben. Hier liegt die Chance
für den viel diskutierten und von Medienhäusern erhofften Paid Content[1] – trotz
oder gerade wegen der immer größer werdenden Informationsflut im World
Wide Web.

---

[1] Der englische Begriff „Paid Content" wird auch in Deutschland oft bei Diskussionen um
kostenpflichtige journalistische Inhalte auf Webseiten und anderen digitalen Plattformen
verwendet.

S. Sturm, *Digitales Storytelling*, DOI: 10.1007/978-3-658-02013-2_2,
© Springer Fachmedien Wiesbaden 2013

Doch abgesehen von wenigen großen Medienmarken wie *Süddeutsche.de*, *tagesschau.de* oder *Spiegel Online* und einigen professionellen Blogs, gilt der deutsche Online-Journalismus bei vielen Kritikern noch immer als „einfallslos, flüchtig zusammengeschustert, klickratenfixiert und werblich kontaminiert" (Lilienthal 2011, S. 49). Statt gut gemachtem, digitalem Journalismus, so konstatiert der wohl bekannteste deutsche Blogger und Medienjournalist Stefan Niggemeier (2010), seien auf vielen Webseiten vor allem Übernahmen aus Printmedien zu finden, „ergänzt durch Bildergalerien, hinter denen erkennbar weniger ein publizistisches Interesse steht als der Versuch, möglichst viele Klicks zu generieren". Statt originärer Geschichten fänden sich auf deutschen Medienseiten und innerhalb vieler Apps meistens „automatisch oder halbautomatisch übernommene Agenturmeldungen, illustriert mit dem erstbesten Symbolfoto aus dem Archiv", statt Hintergrundinformationen oft nur „hastig ab- und zusammengeschriebene Textchen mit Klatsch und Tratsch" (Niggemeier 2010, S. 43).

Dabei, so meint auch der Medienwissenschaftler Volker Lilienthal (2011), könnte der digitale Journalismus „der bessere, der ambitioniertere Journalismus des neuen Zeitalters werden". Denn keines der traditionellen Medien – weder Print, Radio oder Fernsehen – erlaubt die auf digitalen Plattformen mögliche Multimedialität, um ein Thema in seiner Tiefe auszuleuchten und jedem Leser nach seinem persönlichen Informationsinteresse zugänglich zu machen. Doch woran scheitert der deutsche Digitaljournalismus dann größtenteils? „Ist es nicht erstaunlich", fragt Niggemeier (2010) in einem Aufsatz, „in welch geringem Maße Journalisten Gebrauch machen von den Möglichkeiten des neuen Mediums?"

Für den Datenjournalisten Lorenz Matzat (2012) liegt eine mögliche Erklärung darin, dass in den Verlagen auf Führungs- und Managementebene oftmals keine Entscheidungsträger sitzen, die mit den neuen Medien aufgewachsen sind und diese mit all ihren Facetten begreifen: „Man begegnet dem in Verlagshäusern immer wieder, dass da oft Leute an der falschen Stelle sitzen und Entscheidungen treffen können, für die sie eigentlich nicht das Wissen haben." Zudem fehlt es laut Matzat in vielen deutschen Medienhäusern – auch im Vergleich zu anderen Ländern wie den USA – an der nötigen Innovationsfreude, um einfach mal etwas auszuprobieren, etwas zu riskieren.

Dabei ist es auf digitalen Endgeräten nicht viel anders als in klassischen analogen Medien: Es zählt die gut erzählte Geschichte, die aber nirgendwo so vielschichtig und spannend erzählt werden kann wie auf digitalen, multimedialen Plattformen. Hier liegt die Zukunft für neue Formen des Qualitätsjournalismus. Doch was genau ist überhaupt unter journalistischer Qualität zu verstehen? Was macht sie aus? Qualität im Journalismus ist ein vielschichtiges Phänomen, bei dessen Klärung und Definition „eine ganze Reihe von Diskussionssträngen der Kommunikation- und Medienwissenschaft zusammenlaufen" (Bucher 2003, S. 27). Die häufigste Herangehensweise an das Thema ist dabei die „Dekomposition des Qualitätsbegriffs in eine Vielzahl von Qualitätskriterien", die je nach Bezugsobjekt unterschiedlich definiert werden (Beck et al. 2010, S. 15). Im diesem Kapitel wird dies in praxisnaher Weise für multimedialen Journalismus versucht, indem die einzelnen Qualitätskriterien für digitales Storytelling näher beschrieben werden.

2.1   Digitaler Qualitätsjournalismus

Die Debatte um die Qualität im Journalismus ist fast so alt wie die periodische Presse selbst. Die überwiegende Zeit drehte sie sich um die gedruckte Presse als dem ältesten Massenmedium mit der längsten Geschichte, hat sich aber längst auch auf die im 20. Jahrhundert hinzugekommenen Medien Fernsehen, Radio und Online ausgeweitet. Durch das Internet und seine Möglichkeiten der Partizipation kann heute im Prinzip jeder an der Debatte teilnehmen. Das macht es jedoch nicht einfacher, da der Begriff „Qualität" ein schwer zu fassendes Phänomen darstellt – sowohl in der alltäglichen Berufspraxis als auch in der wissenschaftlichen Betrachtung. Die Krux des Begriffs liegt darin, dass die Bewertung von Qualität stets ein Konstrukt des Beobachters bleibt. Jeder Beobachter fällt sein individuelles Qualitätsurteil „auf der Basis seiner Position, seiner Perspektive, seiner Interessen und seiner Standards" (Bucher 2003, S. 12). Die Perspektive eines Medienmachers kann sich dabei fundamental von der Perspektive eines Rezipienten unterscheiden. Das gilt für den klassischen Journalismus alter Schule genauso wie für neue Formen des digitalen Journalismus.

Die strittige Qualitätsdebatte lässt sich aber auch ganz einfach herunter brechen: Laut dem Politikjournalisten Heribert Prantl (2010) geht guter Journalismus – ob auf Papier oder digital – immer in die Tiefe. In diesem Sinne soll es auch in diesem Buch um digitalen, hintergründigen Qualitätsjournalismus gehen. Doch was genau bedeutet „in die Tiefe"? Was ist unter digitalem Qualitätsjournalismus in der Praxis zu verstehen? Bevor wir uns den neuen Darstellungsformen auf digitalen Plattformen nähern, sollten diese grundsätzlichen Fragen geklärt werden. Denn Qualität ist ein großes Wort, eines, das Konjunktur hat, auch abseits der Debatte um Qualität in den Medien. Beispiel Lebensmittel: Hier werden in den letzten Jahren zunehmend Kennzeichnungen diskutiert und eingeführt, die für eine besonders gute Qualität bürgen sollen – auch wenn viele der

Lebensmittel-Siegel unterm Strich oft eher dem Marketing dienen als einer wirklichen Qualitätsverbesserung.

Schon einfacher zu beschreiben ist die Bedeutung des Wortes „digital", das den Gegenbegriff zu „analog" darstellt. Beide Begriffe beschreiben Techniken, wie Informationen über Raum und Zeit transportiert werden – beispielsweise eine im Senderaum produzierte Radio-Sendung, die zu weit entfernten Empfängern übermittelt wird. Digitale Signale stellen dabei zwar immer nur eine Annäherung an das analoge Originalsignal dar, bieten aber den großen Vorteil, dass sie aus einer reinen Folge von Zahlen bestehen und dadurch mit Computern gespeichert und verarbeitet werden können.

2.2   Was heißt hier „journalistische Qualität"?

Der Begriff „Qualität" war seit der Antike in der Philosophie gebräuchlich, bevor er als Fremdwort in die Alltagssprache übernommen wurde. Er stammt vom lateinischen Wort „qualitas" ab, was soviel wie „Beschaffenheit" oder „Eigenschaft" heißt. Allgemein wird darunter die Gesamtheit der charakteristischen Eigenschaften einer Person oder Sache verstanden. Doch hier liegt bei der Übertragung auf den Journalismus schon das Problem des Begriffs: Es gibt nicht *den* Journalismus als Gesamtheit. Ein Text-Journalist in einer Nachrichtenagentur dürfte unter journalistischer Qualität etwas anderes verstehen als ein investigativer TV-Journalist, ein *Bild*-Leser etwas anderes als ein *Zeit*-Leser. Ein für den Journalismus allgemein gültiger Qualitätsmaßstab lässt sich nicht festmachen, da Qualität von einer Vielzahl von Faktoren abhängig ist: dem Medium beispielsweise, der Zielgruppe, dem Genre, der Quellenlage – und nicht zuletzt ist Qualität auch von der Funktion abhängig, die Journalismus erfüllen soll.

Dennoch ist es – auch und insbesondere bei der Betrachtung von digitalem Journalismus – sinnvoll, sich der Qualitätsfrage mit handfesten Kriterien zu nähern. Denn während in den 1980er-Jahren noch das Ausbleiben der Qualitätsdiskussion analog zu anderen Professionen wie etwa der Medizin beklagt wurde, haben sich seitdem zahlreiche praxisrelevante Ansätze zur Qualitätsdefinition im Journalismus entwickelt. In der wissenschaftlichen Literatur finden sich zahlreiche Ansätze zur Definition von Medienqualität, die oftmals medienökonomischen Zyklen folgen: als Reaktion auf strukturelle Veränderungen wie die Einführung des Privatfernsehens oder Rezessionen wie die Krise am Neuen Markt Anfang des 21. Jahrhunderts. Parallel zur Entwicklung

der Medienbranche haben sich verschiedene Kriterien zur Bewertung journalistischer Qualität etabliert wie Aktualität, Objektivität der Berichterstattung,
Transparenz der Quellen oder Relevanz der Themenauswahl.[2] Diese allgemein-
publizistischen Kriterien sind wiederum von medientypischen Qualitätskriterien
zu unterscheiden, also den Besonderheiten von Text, Audio, Video, Foto, und
Grafik. Auf diese medientypischen Kriterien soll im dritten Kapitel näher eingegangen werden.

Journalistik-Professor Klaus Meier (2003) hat die klassischen journalistischen
Qualitätskriterien im Hinblick auf ihre Bedeutung für den Online-Journalismus
analysiert und eine Übersicht aufgestellt, die über die Messung von Klickzahlen,
eine effektive Nutzerführung und gute Teaser hinausgeht, sich aber dennoch vor
allem auf das praktische Handeln in den Redaktionen bezieht. Diese Kriterien
sollen hier aufgenommen und in kurzer Form auf den digitalen, multimedialen
Journalismus – beispielsweise auch auf Smartphones oder Tablets – übertragen
werden.

2.3   Was eine gute (digitale) Geschichte ausmacht

Auch wenn die Digitalisierung der Medien die Branche weitreichend verändert,
neue Plattformen und neue Formen entstehen: Gute Geschichten bleiben gute
Geschichten. Sie sind weiterhin der wichtigste Rohstoff und die Kernkompetenz
von hochwertigem Journalismus. Sie zu finden und spannend zu erzählen, steht
auch in Zeiten des digitalen Wandels im Zentrum dessen, was ein Medienhaus
besser können muss als konkurrierende Inhalteanbieter – idealerweise unter starken Marken und für klar definierte Zielgruppen. „Bei den meisten Geschichten
kannst du relativ schnell sagen, ob es eine gute Geschichte ist oder nicht.
Und du kannst sogar begründen, warum", sagt etwa Gabriele Fischer (2012),
Chefredakteurin beim Wirtschaftsmagazin *brand eins*.

Im Folgenden soll genau das versucht werden: Es werden die wesentlichen
Kriterien für eine gute journalistische Geschichte auf digitalen Plattformen
aufgeführt, ohne im Detail auf sämtliche wissenschaftliche Definitionen von
journalistischen Qualitätskriterien einzugehen. Die Basis für gute journalistische Geschichten hat sich dabei laut Fischer in den vergangenen 50 Jahren

---

[2] Lese-Tipp: Siehe dazu beispielsweise Ruß-Mohl 1992; Schatz und Schultz 1992; Rager
1994; Hagen 1995; Wallisch 1995; Pöttker 1998; Bucher und Altmeppen 2003.

kaum verändert: „Guter Journalismus bedeutet: Du bist neugierig, du schreibst nichts auf, was du nicht verstanden hast, du versuchst zu ergründen, du glaubst nichts, du fragst immer wieder nach, du fällst nicht auf jedes Ding rein." Doch auch wenn viele der klassischen Qualitätskriterien auch in der digitalen Welt weiterhin Bestand haben, so müssen sie doch teilweise überarbeitet und durch neue Kriterien ergänzt werden, die für das digitale Erzählen von Bedeutung sind.

2.3.1   Redaktionelle Unabhängigkeit

Die redaktionelle Unabhängigkeit journalistischer Inhalte gilt seit jeher als Kernkriterium für journalistische Qualität, ja gar als Grundlage und Legitimation von Journalismus als einer öffentlichen Aufgabe. Die Unabhängigkeit einer Redaktion bestimmt letztlich die Glaubwürdigkeit ihrer Inhalte. Geht diese Glaubwürdigkeit verloren, schwindet das Vertrauen und damit auch die Zahlungsbereitschaft der Nutzer für die journalistische Dienstleistung. Meier (2003) konstatiert, dass die technischen Möglichkeiten des Internets und digitaler Inhalte neue Werbeformen und Finanzierungsmodelle hervorgebracht haben, „welche die Trennungsnorm untergraben und das Abgrenzungsproblem zwischen redaktionellem und werblichem Inhalt verschärfen".

Was damit praktisch gemeint ist: Während in einem herkömmlichen Print-Medium in aller Regel nur eine werbende Anzeige gebucht werden kann – eventuell unter Angabe einer Adresse, Telefonnummer oder Website des Werbenden – kann auf internetfähigen Endgeräten wie etwa einem Tablet-Computer direkt auf kommerzielle Shopping-Plattformen verlinkt werden. Der Kauf einer Ware ist oft nur wenige Klicks von einem journalistischen Artikel entfernt. Mehr noch: Selbst renommierte digitale Qualitätsmedien wie *Süddeutsche.de* oder *Zeit Online* kooperieren mittlerweile wie selbstverständlich mit Online-Shops oder verkaufen eigenständig Produkte wie Wein, Pullover oder Reisen. Über den *Zeit*-Shop kann der User beispielsweise den „KitchenAid Toaster", andalusisches Geschirr mit Olivenmotiv oder die Wanddekoration „Riesenhirsch" erwerben – alles Dinge, die das alltägliche Leben zweifelsohne bereichern können, aber mit dem klassischen Kerngeschäft des renommierten *Zeit*-Verlags nichts mehr zu tun haben. Die Grenzen zu anderen kommerziellen Anbietern solcher Produkte werden zunehmend schwammiger, teilweise sind sie kaum mehr zu erkennen. Meier (2003) bezeichnet solche Finanzierungsmodelle deshalb grundsätzlich als „eine Gefahr für die journalistische Qualität".

Durch die digitalen Veränderungen der Medienwelt wird aber auch ein anderer Aspekt redaktioneller Unabhängigkeit immer wichtiger: der Faktor Zeit. Denn nicht nur für die Rezipienten werden die subjektiv empfundenen persönlichen Zeitbudgets immer kürzer. Auch für den Berufsstand der Journalisten nimmt der zeitliche Druck zu, schwillt die Flut der zur Verfügung stehenden Informationen ständig weiter an. Für Jörg Sadrozinski, ehemaliger Redaktionsleiter des Online-Auftritts der *Tagesschau* und nun Leiter der Deutschen Journalistenschule in München, ist diese Entwicklung eine Gefahr für die journalistische Qualität: Wenn Journalisten heute unter zunehmendem Zeitdruck arbeiten, so Sadrozinski (2012), „dann passieren eben auch mehr Fehler, weil man nicht mehr so tief recherchieren kann". Er warnt davor, dass Journalisten bei diesem „Rattenrennen" um die schnellste Veröffentlichung einer Information einem Häppchen-Journalismus verfallen könnten, der an Substanz verliert: „Das dient sicher nicht dazu, dass unsere Produkte oder die Ergebnisse unserer journalistischen Arbeit qualitativ besser werden, sondern sie werden bloß schneller präsentiert. Ob sie dadurch auch genauer und sachlich richtiger sind, wage ich zu bezweifeln."

Für das oftmals hastige, schnelle Arbeiten in einer tagesaktuellen Online-Redaktion sollte demnach also nicht bloß Schnelligkeit ein Qualitätskriterium sein, der Anspruch als erster eine Nachricht auf der Seite zu haben, sondern eben manchmal auch die nötige Ruhe, der Mut auch mal innezuhalten, abzuwarten, sich Zeit zu nehmen, um eine Agenturmeldung zu überprüfen und angemessen einordnen zu können, bevor man sie weiterverbreitet. Vor allem aber – das ist im digitalen Journalismus nicht anders als bei klassischen Medienformen – sollte unabhängiger Journalismus auch immer insofern mutig sein, dass er auch schwierige und unpopuläre Themen aufgreift, einen kritischen Geist bewahrt und sich nicht bloß am Profit des Medienhauses orientiert. Qualitätsjournalismus sollte im redaktionellen Alltag auch immer heißen: Haltung bewahren.

2.3.2 Originelle Recherche

Ob auf Papier oder digitaler Oberfläche: Die journalistische Qualität steht und fällt mit der Qualität der Recherche. Am Anfang jeder Berichterstattung sollte ein Thema „in den verschiedenen Facetten durchdrungen werden", wie es Sadrozinski (2012) ausdrückt. Es müssen die „unterschiedlichen Seiten gehört, gewichtet und gewertet werden".

Für die *brand eins*-Chefredakteurin Fischer (2012) kommt es darüber hinaus vor allem darauf an, dass die Ergebnisse einer Recherche nicht nur Vorurteile bedienen, sondern einen neuen, originellen, bestenfalls überraschenden Sachverhalt zu Tage befördern. Auf diese Weise ist auch das Kriterium der relevanten Aktualität (wird im nächsten Punkt beschrieben) gegeben, weil tatsächlich über etwas Neues berichtet wird – und nicht nur Altbekanntes recycelt.

Als Beispiel für eine originelle Recherche nennt Fischer die 2006 im *Spiegel* veröffentlichte Reportage „Die Stadt der Bälle"[3] des Reporters Uwe Buse, weil sie ihr erklärt habe, „was ich nicht auf den ersten Blick weiß". Die Geschichte wurde mit dem renommierten Herbert Quandt Medien-Preis ausgezeichnet und spielt in der Stadt, in der 60 Prozent der weltweit produzierten Fußbälle hergestellt werden sollen: in der pakistanischen Industriestadt Sialkot. Das Besondere an der Reportage sei laut Fischer (2012), dass sie sich nicht in den üblichen erwartbaren Beschreibungen der damit verbundenen Kinderarbeit in Pakistan erschöpft, sondern darüber hinausgeht und erzählt, wie die Einmischung selbsternannter Menschenrechtler aus dem Westen auch nach hinten losgehen kann. In einem Abschnitt des *Spiegel*-Artikels heißt es über einen der dort lebenden Protagonisten der Reportage:

> *Er hält die Einmischung der selbsternannten Menschenrechtler aus dem Ausland für unangebracht. Sie, die Nachfahren der Kolonialherren, exportierten wieder einmal ihre Werte, ihre Normen ungefragt in fremde Länder.*
> (aus der *Spiegel*-Reportage „Die Stadt der Bälle", 2006)

Diese andere Perspektive auf ein Thema, die aus diesem Zitat spricht, der überraschende Moment einer Geschichte, macht eine originelle Recherche aus. Sie lässt jeden Leser aufhorchen, reißt ihn mit und lässt ihn etwas Neues erfahren.

Durch die Digitalisierung stehen jedem Journalisten heute zur Recherche solcher Geschichten auch immer mehr elektronische Quellen zur Verfügung. Digitale Suchmaschinen, Archive oder Datenbanken sollten dabei aber nicht alleine genutzt und überschätzt werden, nicht den schnellen Ersatz darstellen für das Bemühen, auch außerhalb des Internets neue Quellen und damit exklusive Inhalte zu erschließen. Denn Suchmaschinen können in den meisten Fällen nur das finden, was schon als Dokument vorliegt. Viele Netz-Recherchen seien deshalb laut Medienwissenschaftler Michael Haller (2002) „kaum mehr als das Recycling altbekannter Informationen, die dann als Artikel erneut im Internet landen". Zudem können Quellen im Internet leichter manipuliert und Falschmeldungen leichter verbreitet werden. Bei aller Begeisterung

---

[3]   Artikel abrufbar unter folgender Kurz-URL: http://bit.ly/U37Y7N.

für die Möglichkeiten des Internets für den digitalen Journalismus, sollte dies bedacht werden, wenn eine kuriose oder gar spektakuläre Nachricht vor ihrer Veröffentlichung steht.

2.3.3 Relevante Aktualität

Eine neu auftauchende Meldung auf einer Nachrichtenseite oder innerhalb einer News-App sollte aktuell sein – so viel ist klar. Eine Geschichte abseits der Tagesaktualität sollte zumindest einen aktuellen Anlass oder einen spannenden, unterhaltenden Dreh haben. Oder aber: Eine Geschichte bietet eine neue Sichtweise auf ein Thema. Denn das Kriterium Aktualität besitzt neben seiner zeitlichen auch stets eine soziale Dimension. Aktualität enthält bei jedem kommunizierten Thema auch immer das Kriterium der Relevanz. Meier (2003) beschreibt den Konflikt dieser beiden Qualitätsdimensionen im aktuellen Nachrichtengeschäft wie folgt: „Wer nach der Maxime handelt, minütlich die neuesten Nachrichten zu präsentieren, verletzt unter Umständen die Maxime, stets das Wichtigste zu vermelden."

Für alle digitalen Kanäle erscheint es daher ratsam, sich immer wieder von dem vorschnellen Prinzip der permanenten Aktualisierung zu lösen und zu fragen: Wann soll eine wichtige Nachricht durch eine andere ersetzt werden, die zwar neuer, aber nicht unbedingt wichtiger ist? Immer mehr Nutzer erwarten auf digitalen Plattformen nicht mehr bloß aktuelle Nachrichten, sondern suchen zudem auch nach Ankern in der Informationsflut, nach Orientierung und Einordnung, die über die pure Nachricht hinaus geht – eine Chance für neue Formen des digitalen Storytelling.

2.3.4 Dramaturgie und Emotionalität

Dramaturgie ist nicht nur bei Hollywood-Filmen ein entscheidendes Kriterium für eine gute Geschichte, sondern auch im Journalismus – zumindest dann, wenn ein Thema über die trockene Agenturnachricht hinaus einen Mediennutzer erreichen soll. Eine gute Geschichte basiert in den meisten Fällen auf interessanten Menschen, die menschlich nachvollziehbare Situationen bewältigen müssen, Menschen, mit denen sich der Rezipient identifizieren kann. Durch die Identifikation mit den geschilderten Problemen wird beim Rezipienten „zunächst ein emotionales Interesse geweckt, das daraufhin durch Spannungsbögen gehalten

und gesteuert wird" (Spierling 2006, S. 248). Kurzum: Gute Geschichten erzählen
von spannenden Menschen.

Für Fischer (2012) ist Dramaturgie sogar ein grundlegender Prüfstein für eine
mögliche Geschichte: „Wenn du dir eine Dramaturgie ausgedacht hast, also eine
Idee davon, mit welchen Schwerpunkten und Wendungen du eine Geschichte
erzählen willst – und du kommst einfach nicht um die Kurve, dann kann es
auch sein, dass deine Geschichte nicht stimmt." Dabei sollte laut Fischer nicht
nur auf bewährte Dramaturgie-Modelle zurückgegriffen werden (s. Abschn. 3.3:
Grundlagen der Dramaturgie), da jede Geschichte ihre eigene Dramaturgie mit-
bringt. Fischer gibt jedem Journalisten den schlichten Rat: „Erzähle es so, wie du
es deinem Kind, deinem Kumpel oder sonst irgendjemand erzählen würdest."

Dramaturgie ist für eine journalistische Geschichte auch daher entscheidend, weil
sie der optimale Träger von Emotionalität sein kann, den Mediennutzer in seiner
Lebenswirklichkeit berühren kann. Fischer beschreibt das so: „Wir lernen am besten,
wenn wir wissen, warum. Angenommen, du verliebst dich morgen in eine Finnin –
dann wirst du relativ schnell Finnisch können, obwohl das keine leichte Sprache ist."
Am besten bleiben Geschichten in Erinnerung, wenn man sie mit Emotionen verbinden kann. Deshalb würden laut Fischer viele Nachrichten schnell wieder vergessen werden. „Da sind keine Emotionen drin", so die Chefredakteurin von *brand eins*,
„du weiß nicht, warum du es wissen sollst und vergisst es sofort wieder." Journalisten
müssten ihrer Ansicht nach wieder stärker versuchen, ihren Adressaten einen Grund
zu geben, warum sie eine Geschichte unbedingt wissen sollten.

Das Qualitätskriterium Emotionalität sollte jedoch keinesfalls mit blo-
ßer Unterhaltsamkeit im Sinne von Zerstreuung gleichgesetzt werden. Denn
Zerstreuung lenkt laut Journalistik-Professor Horst Pöttker (2000) eher vom
behandelten Thema ab. Emotionalität im Sinne von Spannung, Sinnlichkeit und
Anschaulichkeit hingegen soll eine ermüdende Rezeption von Informationen ver-
meiden und einer besseren Aufnahme dienen. Gerade bei komplexen, vermeint-
lich trockenen Themen kann multimediales Storytelling der Schlüssel sein, um
diese Emotionalität zu schaffen. Durch den Mix aus Text, Video, Audio, Grafik,
Animation und anderen Elementen werden die unterschiedlichen Sinne eines
Nutzers angesprochen. Die Emotionalität eines Themas wird letztlich erhöht.

2.3.5   Informationstiefe und Nutzerführung

Die bisher aufgeführten Kriterien (redaktionelle Unabhängigkeit, originelle
Recherche, relevante Aktualität sowie Dramaturgie und Emotionalität) sind das
Fundament, ohne das qualitativ hochwertiger Journalismus im digitalen Zeitalter

nicht überlebensfähig ist – das professionelle Handwerkszeug. Die Verpackung der Inhalte, beispielsweise ein herausragender Sprachstil eines Textes, ist bereits „eine nächste Stufe", wie Fischer (2012) es ausdrückt. „Das sind die Sachen, die dann irgendwo prämiert werden und vor denen wir niederknien. Aber wichtiger ist, dass die Geschichte stimmt und es Grund genug gibt, sie aufzuschreiben."

Entscheidend ist aber auch – vor allem bei digitalen Medien – noch ein weiteres Kriterium: die geschickte Nutzerführung durch die im Internet prinzipiell grenzenlosen Inhalte. Denn nichtlineare Medien – ob Webseiten oder Applikationen für Tablet-Computer – sind nicht bloß reine Lesemedien, sondern vor allem auch Selektionsmedien. Sie bieten nahezu unendlichen Speicherplatz für journalistische Erzählmöglichkeiten (s. Abschn. 3.1: Hypertext und modulares Erzählen). Die gesamte Komplexität eines Themas kann multimedial beleuchtet werden, Hintergründe können aufgezeigt, unterschiedliche Perspektiven berücksichtigt, Archivinhalte verlinkt werden. Eine im Online-Journalismus weit verbreitete Form dafür ist das digitale Dossier bzw. Themenpaket (siehe dazu in Abschn. 7.2: Aggregative/kurative Formen), bei dem mehrere Beiträge zu einem Thema modular miteinander verknüpft und zu einem Paket geschnürt werden. Eng mit der Nutzerführung (engl. Usability) verbunden ist daher auch die Interaktivität digitaler Inhalte, auf die im dritten Kapitel noch näher eingegangen werden soll (s. Abschn. 3.2: Der Zauber der Interaktivität).

Je höher jedoch die Komplexität und der Informationsgehalt eines journalistischen Produkts, desto schwieriger wird es für einen Nutzer, sich durch das Angebot zu navigieren. Eine geschickte Nutzerführung und neue Formen des digitalen Storytellings sind notwendig, um den Nutzer auf dem Weg durch das Informations-Dickicht nicht zu verlieren. Es mag selbstverständlich klingen, sollte aber für das digitale Storytelling immer wieder in Erinnerung gerufen werden: „Die Nutzer können auf dem Bildschirm immer nur einen kleinen Ausschnitt eines umfangreichen Dossiers sehen und müssen permanent entscheiden, wie tief oder breit sie sich informieren wollen, welchen Weg durch das Angebot sie wählen" (Meier 2003, S. 259). Eine wichtige Rolle spielt dabei auch die Verknüpfung von „Lean back"-Inhalten, die ohne Aktionen des Nutzers ablaufen (zum Beispiel ein Video), mit „Lean forward"-Inhalten, bei denen der Nutzer aktiv seine Rezeption steuern muss (zum Beispiel eine interaktive Grafik mit mehreren Ebenen).

2.3.6   Technische Interaktivität und Nutzwert

Leserbriefe, Hörer-Telefon oder Tage der offenen Tür – der Dialog mit den Rezipienten und deren redaktionelle Einbindung spielt vor allem im Lokaljournalismus bereits seit vielen Jahrzehnten eine wichtige Rolle. Hochkonjunktur hat der Begriff „Interaktivität" jedoch erst durch das Internet und seine technischen Möglichkeiten erhalten, sich selektiv und multioptional durch ein Informationsangebot zu bewegen. In diesem Sinne soll der Begriff auch hier verstanden werden: Interaktion als Möglichkeit der Nutzer, sich individuell und nach eigenem Tempo durch digitale Inhalte zu navigieren. Von dieser technischen Interaktivität zwischen Nutzer und Computer ist jene Interaktivität zu unterscheiden, die kommunikative journalistische Darstellungsformen bieten: die soziale Interaktivität zwischen zwei oder mehreren Menschen (s. Abschn. 7.2: Kommunikative Formen).

Digitales Storytelling bietet zudem viel mehr Potenziale gegenüber den klassischen analogen Medien, das Qualitätskriterium Nutzwert auszuspielen, welches nach wie vor eng mit dem Konzept des Service- oder Ratgeberjournalismus verbunden ist. Durch Datenbanken, interaktive Infografiken oder kleine Rechen-Tools können Ratschläge und Verbraucher-Tipps individuell auf die Situation des einzelnen Nutzers zugeschnitten werden (s. Abschn. 7.1: Grafische Formen). Ein Beispiel dafür bietet die interaktive Fluglärm-Karte bei *taz.de*,[4] welche die Lärmbelastung der Anwohner durch den neuen Flughafen in Berlin-Schönefeld visualisiert (Abb. 2.1).

Über diese Karte kann jeder interessierte User die aktuelle Lärmbelastung in seiner Wohngegend abrufen, indem er in einem Eingabefenster unten seine Adresse eingibt und daraufhin der entsprechende Ort vergrößert dargestellt wird. Durch Anklicken eines bestimmten Punktes auf der Karte wird dem User der dort errechnete Dauerschallpegel angezeigt. Fährt man bloß mit dem Cursor über die Karte, wird in einem Feld daneben der Lärm auf einer Dezibel-Skala angezeigt und mit Lärmpegeln aus dem Alltag verglichen: etwa dem einer Kreissäge, einer Autobahn oder eines Staubsaugers.

Der Vorteil digitaler Angebote wie dieser Fluglärmkarte liegt darin, dass Nutzer sie nicht nur abrufen können, wenn sie gerade gesendet oder gedruckt werden, sondern immer dann, wenn es sie interessiert. Den Zeitpunkt der Relevanz (s. Abschn. 2.3: Relevante Aktualität) eines Themas bestimmt im digitalen Zeitalter nicht mehr nur eine Redaktion, sondern zunehmend der Nutzer selbst. Weitere Beispiele für den Einsatz von interaktiven Darstellungsformen werden im siebten Kapitel aufgeführt.

---

[4] Interaktive Karte abrufbar unter folgender Kurz-URL: http://bit.ly/GFMcz7.

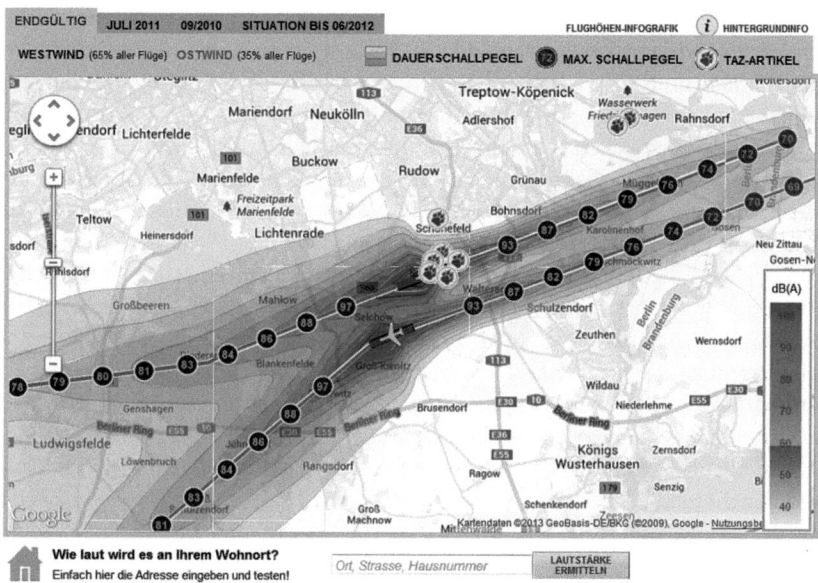

Abb. 2.1 Nutzwert durch Datenjournalismus (*Quelle* Screenshot von taz.de)

2.3.7 Crossmedialität

Sie ist einer der zentralen Trends, die durch das Internet und die Digitalisierung
der Medien ausgelöst wurde, und zugleich ein wesentlicher Faktor journalistischer Qualität: die crossmediale Redaktion, die nicht nur Texte und Fotos,
sondern beispielsweise auch Audios und Videos medienübergreifend in
Datenbanken speichern und über verschiedene Kanäle an den Rezipienten bringen kann. Für Meier (2003) liegt dabei in der crossmedialen Teamarbeit der
Schlüssel zum Erfolg. Demnach soll es weiterhin Spezialisten für die speziellen
Anforderungen von Print, Online, Radio und Fernsehen geben, die jedoch alle
auch ein Grundverständnis für die anderen Medien mitbringen. Eine sinnvolle
Form des Redaktionsmanagements sei hier laut Meier der Newsdesk, an dem die
unterschiedlichen Spezialisten themenbezogen nebeneinander sitzen und sich
austauschen können. Auf diese Weise könnten Synergien geschaffen werden,
müssten beispielsweise Interviews nicht doppelt geführt und wichtige Dokumente
nicht zwei- oder dreimal pro Zeitung oder Sender besorgt werden.

Der Newsdesk (engl. für Nachrichtentisch) ist die Steuerungszentrale einer modernen, crossmedial aufgestellten Redaktion. Wer dort arbeitet, sollte mit den Stärken und Schwächen sowie den dramaturgischen Eigenheiten der einzelnen Medien vertraut sein. Wie die konkrete Arbeit dabei strukturiert wird, mit welchen personellen Kompetenzen, mit welchen Aufgaben und mit welcher Ausstattung der Newsdesk organisiert wird – das sind Fragen, die derzeit in den Medienhäusern viel diskutiert und erst noch erprobt werden müssen. Ein Beispiel stellt die Wirtschaftszeitung *Handelsblatt* dar:

Dort wird die Verteilung der Nachrichten von einem zentralen Newsdesk in Düsseldorf gesteuert, der für jeden Wochentag einen Themenplan über die exklusiven Geschichten des *Handelsblatts* erstellt. Nach diesem wird beispielsweise ein Hintergrundartikel des USA-Korrespondenten, der am nächsten Tag prominent im gedruckten Blatt erscheinen soll, bereits am Vortag in einer kürzeren, eher nachrichtlich gehaltenen Form als Erstes über die iPad-App *Handelsblatt First* veröffentlicht, bevor er etwa eine Stunde später – angereichert mit Fotos, Links und zunehmend auch Videos – auf der Webseite *Handelsblatt Online* erscheint, aus der sich zeitgleich die Nachrichten für die Smartphone-Applikationen generieren. Bei aktuellen Nachrichten von außerordentlicher Relevanz wird zusätzlich noch eine Eilmeldung per SMS an alle Kunden geschickt, die diesen Service abonniert haben (Stand: 2012).[5]

Auf diese Weise wird eine Nachricht innerhalb eines Medienhauses systematisch über bis zu fünf Kanäle publiziert. Durch Link-Hinweise in sozialen Netzwerken wie Facebook oder Kurznachrichten-Diensten wie Twitter kommen sogar noch weitere Verbreitungskanäle für eine Nachricht hinzu – eine stetig wachsende Nachrichten-Palette, die vor 20 Jahren wohl kaum ein Zeitungsredakteur für möglich gehalten hätte. Für ein modernes Medienunternehmen und heutige Berufseinsteiger hingegen gehört der Umgang mit den diversen Plattformen mittlerweile wie selbstverständlich zum journalistischen Handwerkszeug. Anton Simons (2011) trifft es auf den Punkt, wenn er schreibt: „Ziel bei der Entwicklung zukunftsfähiger Medienmarken sollte sein, dass die Nutzer aus sämtlichen Lebenslagen heraus und mit sämtlichen Endgeräten mit maximaler Flexibilität und maximalem Komfort auf die für ihre gerade vorherrschenden Bedürfnisse passenden Produkte der Marke zugreifen können."

---

[5] Redaktionserfahrungen des Autors durch regelmäßige Mitarbeit bis August 2012 in der iPad-Redaktion des Handelsblatts in Düsseldorf, die jedoch parallel zur Entwicklung einer digitalen Zeitungs-App erneut umstrukturiert wurde. Daher können die Schilderungen nur eine Momentaufnahme sein.

CHECKLISTE 1: Eine gute digitale Geschichte

✓ **Redaktionelle Unabhängigkeit**
Journalistische Inhalte sollten nicht von Werbung beeinflusst und auch auf digitalen Plattformen klar von ihr getrennt sein. Sie sollten trotz zunehmendem Zeitdruck so sorgfältig wie möglich überprüft werden und auch unpopuläre, schwierige Themen aufgreifen.

✓ **Originelle Recherche**
Bei jedem Thema sollten die verschiedenen Seiten und Blickpunkte recherchiert und Vorurteile vermieden werden. Je überraschender, neuer und origineller eine Recherche ausfällt, desto besser kann die Geschichte werden.

✓ **Relevante Aktualität**
Gerade in der schnellen, digitalen Nachrichtenwelt kommt der journalistischen Gewichtung eine wichtige Bedeutung zu. Eine aktuelle Nachricht sollte nicht bloß präsentiert werden, um schneller als die Konkurrenz zu sein, sondern weil sie von Relevanz ist.

✓ **Dramaturgie und Emotionalität**
Eine gute journalistische Geschichte erzählt von spannenden Menschen und ihren Herausforderungen. Sie spricht den Nutzer nicht bloß kognitiv, sondern auch emotional in seiner Lebenswirklichkeit an.

✓ **Informationstiefe und Nutzerführung**
Digitale Plattformen sind Selektionsmedien. Sie sollten nicht überfordern und den Nutzer so geschickt wie möglich durch ein Informationsangebot führen, damit dieser sich nicht im Überangebot verliert.

✓ **Technische Interaktivität und Nutzwert**
Der Nutzer sollte sich möglichst frei, multioptional und nach gewählter Geschwindigkeit durch ein digitales Angebot bewegen können. Nutzwert entsteht vor allem durch individuell auf den Nutzer zugeschnittene Informationen.

✓ **Crossmedialität**
Auch Spezialisten für bestimmte Medienarten wie Text oder Bewegtbild sollten ein Grundverständnis für andere journalistische Spielarten entwickeln, da eine Medienmarke heute seine Zielgruppe über zahlreiche Kanäle ansprechen muss, um diese zu erreichen.

Grundlagen multimedialen Erzählens

3

Im Zentrum von Multimedia stehen Menschen und ihre Wege,
mit anderen Menschen und ihrer Umwelt zu kommunizieren.
(Peter A. Henning, 2007)

Zusammenfassung

Ob in einer gedruckten Tageszeitung oder einer multimedialen Tablet-App einer Wochenzeitschrift: Gute Geschichten faszinieren seit jeher die Menschen – ganz gleich auf welcher Plattform. Kenntnisse über Kameratechnik oder Software-Tools können einem Journalisten zwar nicht schaden, das Wichtigste ist und bleibt aber seine Fähigkeit, spannende Geschichten zu recherchieren und sie sowohl korrekt als auch ansprechend zu erzählen. Die wichtigsten Grundlagen dazu sollen im dritten Kapitel vorgestellt werden. Dazu gehört auch der kompetente Umgang mit den verschiedenen Medienarten wie Text, Foto, Video, Audio oder Grafik, die auf digitalen Plattformen kombiniert werden können.

Eigentlich ist „Multimedia" ein alter Schuh. Bereits im Jahr 1995 – mit der Entwicklung von Java als plattformunabhängiger Programmiersprache – wurde es in Deutschland zum Wort des Jahres gekürt. Doch trotz der plötzlichen Prominenz des Wortes: Viele wussten damals noch überhaupt nicht, was genau unter „Multimedia" zu verstehen ist. Die meisten verbanden mit dem Begriff eher irgendwelche neuen Industriezweige der Computer- oder Unterhaltungsindustrie als etwa multimediale Elemente auf Internetseiten. Multimediales Erzählen war damals – anders als heute, wo sich jedes Medienhaus gerne mit dem Begriff schmückt – auch im Journalismus noch ein weitestgehend unbeschriebenes Blatt. Doch was genau bedeutet Multimedia nun im journalistischen Sinne?

S. Sturm, *Digitales Storytelling*, DOI: 10.1007/978-3-658-02013-2_3,
© Springer Fachmedien Wiesbaden 2013

Laut Meier (2002) ist darunter zunächst schlicht die Kombination mehrerer Medienarten zu verstehen: „Texte, Fotos, Grafiken, Videos, Animationen und Töne verschmelzen mittels Computer und digitaler Technik." Vor allem aber zeichne sich multimediales Erzählen durch die non-linearen Wahlmöglichkeiten aus, die dem Nutzer auf digitalen Plattformen zur Verfügung stehen – Mehrwert: Interaktivität. Der Begriff Multimedia bleibt aber bis heute ein noch nicht ausgereifter Begriff. Auch wenn er häufig im Alltag verwendet wird, stellt er eher eine grobe „Sammelbezeichnung mit verschiedenen Interpretationen" dar (Malaka et al. 2009, S. 53). Oftmals wäre deshalb die Bezeichnung „Multimodalität" treffender, wenn etwa eine journalistische Darstellung mehrere Sinneskanäle (z. B. Augen und Ohren) gleichzeitig beschäftigt. In diesem Buch ist unter dem Begriff Multimedia bzw. Multimedialität die Integration mehrerer Medien in einem neuen Medium gemeint.

3.1   Hypertext und modulares Erzählen

Die Digitalisierung der Medien eröffnet dem multimedial arbeitenden Journalisten „ein ganzes Panorama neuer Möglichkeiten, Sprache zu gestalten, andere Ausdrucksformen und Lesegewohnheiten zu entwickeln – bis zum Abschied vom Text, hin zu einer Design-Kombination aus Foto, Ton, Video und Animation" (Meier 2002, S. 24). Doch bei der Wahl der möglichen Darstellungsformen sollte eines nicht außer Acht gelassen werden: ihre Funktion. Bei jeder Geschichte sollte man sich als Journalist fragen: Was will ich mit welchen Mitteln erreichen? Will ich informieren, kommentieren, unterhalten oder eher beraten? Oder sollen vielleicht mehrere der Funktionen erfüllt werden?

Hier kommt das Hypertext-Prinzip und das Prinzip des modularen, nichtlinearen Erzählens ins Spiel – wichtige Grundlagen für den digitalen Journalismus, aber keineswegs neuartige Werkzeuge. Denn auch herkömmliche Medien, auch Zeitungen und Zeitschriften werden sprunghaft und selektiv genutzt: Man beginnt einen Text zu lesen, bricht vorzeitig ab, überfliegt die nächste Seite bloß, liest rechts unten eine Bildunterschrift zu einem Foto, um dann wieder eine Seite zurück zu blättern. Im gesamten Printbereich hat sich in den vergangenen Jahren immer stärker die modulare Aufbereitung von Themen durchgesetzt. Zeitungen haben sich vom ehemals linearen, fast schon buchähnlichen Medium zu einem Auswahlmedium entwickelt, das der Leser immer weniger linear durchliest. Vielmehr springt er von Modul zu Modul. Jede gut gemachte Zeitschrift und zunehmend auch Tageszeitungen sind inhaltlich und gestalterisch durch eine „klare Gliederung der Texte und eine Unterteilung in leicht verdauliche Informationseinheiten" geprägt (Meier 2002, S. 29). Selbst altehrwürdige, bislang eher konservativ gestaltete Blätter wie die *Frankfurter Allgemeine Zeitung* haben sich von ihrem Bleiwüsten-Layout verabschiedet. Durch Grafiken, Hintergrundkästen, Fotostrecken und ausgegliederte Randgeschichten kann der Leser vermehrt auch auf gedrucktem Papier seine eigene Informationstiefe wählen.

Und trotzdem: Die Erzählweisen aus den Printmedien sollten nicht eins zu eins auf digitale Plattformen übertragen werden. Denn wie Meier (2002) konstatiert, gehen Hypertexte „mindestens eine Stufe weiter, als es allen konventionellen Medien technisch möglich ist". Auf digitalen Plattformen wird das Springen, das Navigieren zwischen einzelnen Einheiten zum Prinzip – ob durch herkömmliches Klicken oder das Wischen auf einem Touchscreen.

Der Begriff „Hypertext" geht zurück auf Ted Nelson (1965) und steht für die Idee, Text in einzelne Informationsblöcke aufzuteilen, so dass sie in beliebiger Reihenfolge und Auswahl rezipiert werden können. Grundlegendes Element ist dabei die Verlinkung, der Verweis auf weitere Informationseinheiten – wobei das Hypertext-Prinzip sowohl die digitale Aufbereitung eines einzelnen Themas als auch die Gesamtstruktur einer Webseite oder App betrifft. Meier (2002) definiert dieses Prinzip für Webseiten wie folgt:

> *Auf dem Bildschirm besonders markierte Bereiche, wie einzelne Wörter, Fotos oder grafische Elemente, sind mit einem Link hinterlegt. Werden sie mit der Maus angeklickt, füllt sich der Bildschirm oder ein Teil davon, ein Fenster oder ein Frame mit einer neuen Seite.*
> (Klaus Meier, 2002)

Wenn sich hinter den Verlinkungen nicht bloß Text, sondern auch Bilder, Audios, Videos oder andere Medienarten verbergen, wird auch von „Hypermedia" gesprochen. Durch dieses Hypertext- bzw. Hypermedia-Prinzip wird das einzelne Thema und der Gesamtinhalt eines digitalen Angebots in kleine Informations-Häppchen zerlegt, die der User nicht mehr wie bei einem Buch von vorne bis hinten linear durchgehen kann. Er muss sich selbstständig durch das Angebot navigieren und entscheiden, welche Aspekte ihn in welchem Umfang interessieren.

Komplexe Themen, die inhaltlich und multimedial vielseitig aufbereitet werden, sollten auf digitalen Plattformen in Module aufgeteilt werden – sonst verliert sich der Nutzer in den Tiefen des Hypertextes. Die Vorgeschichte oder Randaspekte eines Themas müssen beispielsweise in einem Tablet-Magazin nicht im zentralen

Artikeltext auftauchen, sondern können in verlinkten Modulen untergebracht werden. Verwandte und weitere Elemente zum Thema – welcher Medienart auch immer – können in einem ansprechendem optischen Layout verlinkt werden. Beispiele für mögliche Module sind etwa historische Rückblenden, Biografien zu Protagonisten der Geschichte, grafisch aufbereitete Hintergrundfakten, aktuelle Reaktionen, Umfrageergebnisse, ältere Archivmeldungen zum Thema, meinungsstarke Kommentare, Stichworte, Chronologien usw.

3.2   Der Zauber der Interaktivität

Digitale Medien bringen nicht nur technische und inhaltliche Herausforderungen für Medien-Produzenten und Mediennutzer mit sich, sie bedeuten weitaus mehr: Sie verändern teilweise fundamental die Art und Weise, wie wir Nachrichten aufnehmen und verbreiten. Der Schlüssel dieses Wandels liegt in der Interaktivität digitaler Medien, die auch den Journalismus dazu zwingt, sich zumindest teilweise neu zu erfinden und neue Wege des Storytellings zu gehen.

Ähnlich wie das Wort „Multimedia" hat auch der Begriff der „Interaktivität" eine hohe Anziehungskraft in der Medienbranche. Er stammt von dem Begriff „Interaktion", der laut Roland Burkart (2002) für Prozesse der Wechselwirkungen zwischen zwei oder mehreren Größen steht. Laut Meier (2002) gibt es kaum Begriffe, „die in den vergangenen Jahren so inflationär verwendet wurden, wenn es um neue Medien und Internet-Kommunikation ging". Grundsätzlich seien aber zunächst zwei Bedeutungen von Interaktivität zu unterscheiden: die technische Interaktivität zwischen Mensch und Computer und die soziale Interaktivität, die sich zwischen zwei oder mehreren Menschen ereignet. Das eine beschreibt, wie sich Nutzer durch digitale Elemente auf einer Website oder in einer App navigieren, wie sie beispielsweise Hypertext nutzen, non-lineare Videos anschauen oder Datenbanken individuell abfragen. Meier spricht hier auch von „Multiselektivität" oder „Multioptionalität". Das andere, die soziale Interaktivität, beschreibt hingegen die Kommunikation eines Nutzers mit anderen Menschen – sei es per Chat mit jemandem aus der Redaktion oder beispielsweise die Diskussion mit anderen Nutzern in einem sozialen Netzwerk wie Facebook.

Elementar dabei ist, dass sich die Akteure durch den Austausch von Informationen gegenseitig beeinflussen. Doch trotz der möglichen Deutungsunterschiede, soll nachfolgend weiterhin der Begriff der Interaktivität genutzt werden, da er alltagsnäher und sowohl aus redaktioneller als auch aus Nutzer-Sicht besser für die Praxis geeignet erscheint. Denn unter einer „interaktiven Karte" können sich mittlerweile viele Nutzer etwas vorstellen, unter einer „multioptionalen Karte" wohl schon weniger – mal ganz abgesehen davon, dass es sperriger und verkopfter klingt.

Um bei diesem Begriff zu bleiben: Digitales Storytelling ist zunehmend interaktiv, die Nutzer bewegen sich im Austausch mit anderen Nutzern immer häufiger non-linear durch ein Medienangebot und bestimmen selbst die Reihenfolge der Rezeption. Dabei können sie selbst bei zeitabhängigen Sequenzen wie Videos oder Audios immer häufiger nicht nur die Auswahl und den Zeitpunkt der Rezeption selbst bestimmen, sondern auch das Tempo des Durchgangs. Die technische Interaktion zur Steuerung kann dabei auf unterschiedlicher Weise strukturiert sein:

- **Ablaufsteuerung:** Meistens innerhalb eines Player-Fensters mit einer Ablaufleiste kann der Nutzer eine lineare Sequenz starten, stoppen und in dieser hin und her springen, indem er einzelne Stellen gezielt ansteuert. Manchmal kann auch die Abspielgeschwindigkeit eingestellt werden.
- **Darstellungssteuerung:** Der Nutzer kann die Größe und die Qualität der Darstellung bestimmen (früher war diese Möglichkeit oft an die Wahl eines Players und die Bandbreite gekoppelt).
- **Tonsteuerung:** Der Nutzer kann die Lautstärke regulieren, den Ton aus- und auch wieder anschalten.

Doch auch nicht-zeitabhängige Darstellungen können so gestaltet sein, dass Nutzer sie individuell anpassen und interaktiv rezipieren können. Beispiele dafür sind Zoomfunktionen bei Karten und Layer mit weiteren Informationen, die der Nutzer zu- und wegschalten kann. Ein anderes Beispiel sind große Datenmengen, die individuell und nach bestimmten Parametern von Nutzern abgerufen werden können – etwa die Darstellung von Wahlergebnissen, bei denen Nutzer die für sie interessanten Wahlkreise auswählen können oder Aktienkurse, die nach gewünschten Zeiträumen und Vergleichswerten angezeigt werden können.

Einen besonders hohen Grad an Interaktivität bieten für den Journalismus spielerische Darstellungsformen, die nicht immer bloß eine unterhaltende Funktion haben müssen, sondern durchaus auch bei „harten" Themen einen erzählerischen Mehrwert bieten können. Die Möglichkeiten der Gestaltung reichen dabei von einfachen Flash-basierten News-Games bis zu aufwändigen Darstellungen, die in Sachen Tiefe und Komplexität fast mit Videospielen vergleichbar sind (s. Kap. 5 und Abschn. 7.2: Spielerische Formen).

Doch Hypertext, die modulare Aufbereitung von Themen und Interaktivität kommen als Grundlagen für multimediales Erzählen nur dann voll zur Geltung, wenn Journalisten auch weiterhin ihr uraltes, aber nach wie vor entscheidendes Handwerk beherrschen: spannende Geschichten erzählen.

3.3   Storytelling – eine alte Geschichte

Ich bin überzeugt, dass die Amerikaner jeden beliebigen Hollywoodschauspieler wählen würden. Die einzige Voraussetzung ist, dass er eine Geschichte zu erzählen hat: eine Geschichte, die den Leuten vermittelt, was für ein Land Amerika ist und wie der Kandidat persönlich es sieht.

(James Carville, Politikberater aus den USA)

Dieses Zitat von James Carville, der als Berater maßgeblich am Präsidentschaftssieg von Bill Clinton 1992 beteiligt war, bringt eine einfache, aber – vor allem für die USA – treffende Politikweisheit auf den Punkt: Die Macht ist mit dem, der die beste Geschichte, die beste Story erzählt. Doch nicht nur in der Politik, der modernen Unternehmensführung oder in der Werbung wirkt eine gute Geschichte oft stärker als ein sachliches Argument. Storytelling, das Geschichtenerzählen, stellt kulturgeschichtlich betrachtet eine uralte, tief in der Gesellschaft verwurzelte Form der narrativen Wissensvermittlung dar – ob Kindermärchen, die Abenteuergeschichte am Lagerfeuer oder ein alter Kriegsbericht. „Wann immer wir Wichtiges mitteilen wollen", schreiben Thomas Holzinger und Martin Sturmer (2010), „greifen wir intuitiv zu einem Stilmittel, das uns Aufmerksamkeit garantiert: die Geschichte."

Deshalb hat sich in mündlichen Kulturen die erzählte Geschichte als sicherste Form der Informationsübermittlung erwiesen. Sie diente schon immer nicht nur dem bloßen Zeitvertreib, sondern war laut Michael Mangold (2007) stets „eine Diskursform, mit der Handlungen, Ereignisse und Bedeutungen veranschaulicht und Erfahrungen organisiert werden". Die Vermittlung eines Themas in Form einer Geschichte stellt „ein Paradebeispiel informellen Lernens dar", da der „Großteil des Wissens auf unterschiedlichsten Ebenen und überwiegend implizit vermittelt wird" (Mangold 2007, S. 2 und S. 8).

Insofern ist eine gut erzählte Geschichte auch im heutigen Journalismus der beste Transportweg für Informationen. Nur die Art und Weise, die Darstellungsformen für Inhalte haben sich durch das Internet und die neu hinzugekommenen digitalen Plattformen verändert (im Kap. 7 werden diese neuen Formen näher behandelt und einzeln aufgeführt). Die Kernpunkte einer gut erzählten Geschichte aber bleiben gleich und werden von Holzinger und Sturmer (2010) wie folgt aufgeführt:

- eine **klare Botschaft** (Was soll mit der Geschichte bewirkt werden?)
- **starke Charaktere** (je intensiver die Erlebnisse, Erfahrungen und Gefühle der handelnden Charaktere, desto besser für die Geschichte)

- eine **spannende Dramaturgie** (Was ist der rote Faden, der die Nutzer durch den ganzen Plot zieht? Gibt es Wendepunkte, biografische Brüche oder gar Konflikte?)
- **Ort der Handlung** (Wie sieht es am Ort der Geschichte aus? Gute Beschreibungen ermöglichen den Usern, eine Vorstellung vom Milieu der Handlung zu bekommen und den Kontext der Handlung zu begreifen.)
- ein **passender Sprachstil** (Sprache schafft Atmosphäre. „Und jede Geschichte", so schreiben Holzinger und Sturmer, „hat einen eigenen Wortschatz, der das ermöglicht.")

Diese grundlegenden Punkte guten Storytellings können im Digitaljournalismus durch die geschickte Nutzung der unterschiedlichen Medienarten und ihrer Stärken (s. Abschn. 3.6: Welche Story für welchen Kanal?) so gestaltet werden, dass eine Geschichte Spaß macht, unterhaltsam ist und gleichzeitig lehrreich. Laut Mangold (2007) sind Geschichten das nämlich nicht per se. Was der Medienwissenschaftler für die Wissensvermittlung und das multimediale Storytelling in Museen fordert, kann genauso auf journalistische Inhalte übertragen werden:

Um ihre Möglichkeiten für informelle Lernprozesse auszuschöpfen, müssen die Geschichten nach den Interessen und Informationsbedürfnissen der Besucher ausgerichtet werden, einen Spannungsbogen aufweisen und idealerweise diverse Informationseinheiten unterschiedlicher Detailgrade transportieren, ohne ihre narrative Kohärenz oder ihre ,Lernziele' zu verlieren.

(Michael Mangold, 2007)

Auf den digitalen Journalismus übertragen, kann dies beispielsweise bedeuten, dass ein Thema für unterschiedliche Zielgruppen unterschiedlich aufbereitet wird, dass der Nutzer zwischen verschiedenen Medienarten wie Text, Foto, Video oder Grafik wählen kann und selbst entscheidet, wann und wie tief er sich einem Thema widmet.

3.4 Grundlagen der Dramaturgie

Ob analog oder digital: Die wichtigste Zutat für journalistisches Storytelling ist und bleibt eine gute Geschichte. Denn Menschen machen seit jeher ganz spontan aus vielen Dingen Geschichten und nehmen Informationen am liebsten in Form von Geschichten auf. Ulrike Spierling (2006) beschreibt es so: „Durch Narration können zugleich Fakten und deren kausale Wirkungszusammenhänge als Information effizienter als durch Ausprobieren vermittelt werden." Der Schlüssel für eine gut erzählte Geschichte wiederum liegt meist in einer geschickten Dramaturgie, mit einem Ablauf aus Anfang, Konfliktaufbau, Höhepunkt und einem Schluss.

Als Dramaturgie (von griechisch „dramaturgein" = dramatisch darstellen) wird laut Brockhaus Enzyklopädie allgemein „die Lehre von Wesen, Wirkung und Formgesetzen des Dramas" bezeichnet. Das Drama ist somit auch die Basis für journalistisches Storytelling – vor allem dann, wenn bewegte Bilder zum Einsatz kommen und filmisch erzählt werden soll. Denn auch wenn die klassische Dramentheorie vor allem in fiktionalen Filmen angewendet wird, lassen sich viele ihrer Ansätze auch auf journalistische Geschichten übertragen.

Deshalb soll im Folgenden kurz die klassische Dramentheorie anhand des Dramas in drei Akten umrissen werden. Laut Michaela Krützen (2004) lässt sich die Unterteilung in drei Akte in einem Großteil aller Ratgeber zum Drehbuchschreiben und in zahlreichen narratologischen Untersuchungen wiederfinden. So schreibt auch Linda Seger (1997), langjährige Drehbuch-Beraterin aus den USA:

> *Dramen tendieren fast von Anfang an zur Drei-Akt-Struktur. Ob es sich um eine griechische Tragödie, ein Werk in fünf Akten von Shakespeare, eine Drama-Serie in vier Akten oder ein Movie-of-the-Week in sieben Akten handelt, wir erkennen trotzdem die Grundstruktur der drei Akte: Anfang, Mitte und Ende – oder Exposition, Entwicklung und Auflösung.*
>
> (Linda Seger, 1997)

3.4.1 Der Anfang: die Exposition

Die Exposition stellt den ersten Akt eines klassischen Drehbuchs, wie auch den Anfang einer journalistischen Geschichte dar – auf Webseiten beispielsweise oft in Form eines Teasers. Sie ist das wichtigste Element, weil der Zuschauer, Leser oder User hier entscheidet, ob er der Geschichte weiter folgen möchte oder nicht. Im Theater oder Kino mag der Zuschauer es sich noch mehrmals überlegen, ob er den Saal nach einem langweiligen Anfang wirklich verlässt oder doch sitzenbleibt. Anders ist es bei der digitalen Geschichte: Hier ist der Anfang noch entscheidender, weil für den Nutzer im Internet oder auf digitalen Endgeräten der nächste Reiz, das nächste fremde Angebot nur einen Klick bzw. einen Wisch entfernt ist.

Im ersten Teil einer Geschichte „müssen die Hauptfiguren vorgestellt, eine Orientierung über Ort und Zeit geschaffen und der zentrale Konflikt eingeführt werden", empfiehlt Krützen (2004). Vermittelt werden sollen alle nötigen Informationen, die der Zuschauer braucht, um eine Vorstellung über die Richtung der Geschichte zu gewinnen.

Bei audiovisuellen Inhalten sollte die Exposition dabei möglichst mit einem starken Bild beginnen, das bereits einen ersten Eindruck der Umgebung, der Stimmung und des Themas vermittelt. Denn journalistische Geschichten, die sofort mit einem Dialog anfangen, sind oft schwer verständlich. Grund dafür ist, dass das Auge einzelne Informationen schneller aufnehmen kann als das Ohr. Für das Storytelling auf Tablet-Computern kann das bedeuten, dass manchmal ein großes Bild oder ein kurzes Video-Intro in ein Thema besser geeignet sein kann als der altbekannte textliche Teaser.

Nach einer einführenden Bilderszene sollten die wichtigsten Figuren der Geschichte vorgestellt sein. Zugleich muss es ein Ereignis geben, dass die Geschichte in Gang bringt. Seger (1997) spricht hier von einem „Anstoß", der die Handlung vorantreibt. Syd Field (1996) bezeichnet diesen wichtigen Punkt in der Exposition als den ersten Plot Point – ein Ereignis, das in die Geschichte eingreift und sie in eine andere Richtung lenkt. Dieser Plot Point kann manchmal nur aus einer Information bestehen, die eine Figur erhält. Marie Lampert und Rolf Wespe (2011) sprechen von einer sogenannten „Leerstelle", die im Gehirn des Rezipienten den Wunsch erzeugt, den noch fehlenden, offenen Teil der Geschichte ergänzen zu wollen.

3.4.2 Die Mitte: die Entwicklung

Der zweite Akt in der klassischen Dramentheorie, die Mitte, umfasst normalerweise den Großteil der Geschichte. Denn die Basis jeder dramaturgischen Handlung ist der Konflikt, der in diesem Part aufgebaut und entwickelt werden sollte. Wie für den Drehbuchautoren eines Hollywoodfilms, gilt es hier auch für das journalistische Storytelling die Hindernisse herauszuarbeiten, die sich der Hauptfigur entgegenstellen. Es muss eine Entwicklung deutlich werden, um die Aufmerksamkeit des Nutzers bis zum Endpunkt aufrecht zu halten. Dabei sollte die Geschichte in ihrem Mittelteil auf einen Höhepunkt zusteuern, vielleicht eine unerwartete Wende mit sich bringen, eine Schlüsselszene enthalten. Auf diese Weise wird der Rezipient neugierig auf das Ende gemacht. Er will nun wissen, wie die Geschichte ausgeht.

3.4.3 Das Ende: die Auflösung

Der dritte Akt einer Erzählung, das Ende, bildet den Schluss einer Geschichte und bringt die Auflösung der erzählten Handlung. Hier bekommt der Rezipient die Antworten auf die Frage, ob der Konflikt gelöst werden konnte, was mit der Hauptfigur passiert, wer gewonnen oder verloren hat. Field (1996) rät an dieser

Stelle: „Wählen Sie die Struktur und die Dramatik Ihres Schlusses sorgfältig. Wenn es Ihnen gelingt, Anfang und Ende aufeinander zu beziehen, gibt das einen hübschen filmischen Effekt."

Gleiches gilt auch für viele journalistische Geschichten: Der letzte Teil kann mit einer überraschenden Pointe abschließen, aber auch schlicht das Ende einer Handlung sein, die Quintessenz eines Themas herausarbeiten oder ein aussagekräftiges Detail der Geschichte aufgreifen, das sinnbildlich für diese steht. Oft bietet es sich an, am Ende nochmals die zu Beginn entwickelte Problematik aufzugreifen und sie auf spannende Weise abzuschließen, so dass die Geschichte dem Rezipienten möglichst einprägsam im Gedächtnis bleibt. Lampert und Wespe (2011) empfehlen, den Rezipienten am Schluss noch einmal die Tonalität oder die Temperatur der Geschichte spüren zu lassen.

3.5 Dramaturgische Strickmuster

Nach Martin Esslin (1978) ist es die Grundaufgabe des Dramas vor allem die Aufmerksamkeit der Zuschauer zu fesseln und sie dann so lange wie erforderlich festzuhalten: „Erst wenn dieses Grundziel erreicht ist, können alle anderen höheren und intellektuell wie emotional anspruchsvolleren Absichten erfüllt werden (…). Geht die Aufmerksamkeit des Publikums verloren, gelingt es nicht, seine Konzentration auf das, was geschieht und gesagt wird, aufrecht zu erhalten, dann ist alles vergeblich." So sollte auch journalistisches Storytelling durch eine dramaturgisch aufgebaute, erzählende Geschichte möglichst viel Aufmerksamkeit beim Rezipienten erzeugen.

Die Wahrnehmungsmöglichkeiten der Menschen haben sich in Jahrtausenden der Anpassung an die Umwelt entwickelt. Die journalistische Dramaturgie bemüht sich, einen Stoff so zu gestalten, dass er formal diesen uralten Wahrnehmungsmöglichkeiten entspricht, dass er also aufgenommen und verstanden werden kann. Alle Geschichten scheinen dabei auf eine begrenzte Anzahl von altbekannten „Strickmustern" zu verweisen, was den funktionalen Erzählbogen und die tiefer liegende symbolische Struktur des Inhalts betrifft. Um die Dramaturgie einer Geschichte zu erhöhen, zählt Pierre Kandorfer (1994) eine Reihe von emotionalen Elementen auf, mit der die Aufmerksamkeit des Zuschauers gesteigert werden kann. Alle diese Elemente lassen sich auch für das digitale Storytelling verwenden:

- **Kontraste und Paradoxien:** z. B. ein Kontrast der Charaktere; breit gebauter Mann fürchtet sich vor einem harmlosen Tier
- **Unwissenheit der Handelnden:** z. B. weiß der Zuschauer mehr als der Darsteller

- **Überraschungen:** z. B. eine überraschende Wende im Handlungsablauf
- **Neugierde:** z. B. interessante Themen, Bildkompositionen oder Formulierungen, die den Zuschauer neugierig machen
- **Retardierung:** z. B. wird die Problemlösung durch eine Parallelhandlung hinausgeschoben
- **Erregung:** z. B. Sex, dramatische soziale Unterschiede (Wohlstand – Armut)
- **Humor:** z. B. witzige Bemerkungen und Ironien, die in das Gesamtkonzept der Geschichte passen

Alle Geschichten, mögen sie vom Inhalt noch so unterschiedlich sein, folgen immer wieder ähnlichen Mustern, wie es Joseph Campbell (1978) in „The hero with a thousand faces" beschreibt. Demnach kann jede Geschichte, die den Menschen emotional berührt, auf eine symbolische „Heldenreise" abgebildet werden, womit Campbell sozusagen die perfekte Geschichte beschreibt:

Aus einem initialen Zustand der Harmonie und Einheit heraus findet durch ein Ereignis eine Trennung dieser Vollkommenheit statt: Der Held wird gegen seinen anfänglichen Widerstand gefordert, auszuziehen und ‚auf die Reise zu gehen'. Symbolisch entspricht dies der ‚Vertreibung aus dem Paradies', die auch in der Psychoanalyse als Symbol des wichtigen Ablöseprozesses aus der Harmonie des Elternhauses eine Rolle spielt. Der Held besteht Abenteuer und Prüfungen, und findet am Schluss zu sich selbst zurück, in dem er selbst eine Wandlung erfährt, welche die erstrebte Harmonie oder Vollkommenheit wieder herstellt (zumindest kurzfristig, bezüglich dieser einen erzählten Geschichte, denn daraufhin kann eine weitere beginnen).

(zit. n. Ulrike Spierling, 2006)

Durch derart dramaturgisch aufgebaute Geschichten kann auch im Journalismus ein Lernprozess beim Rezipienten ausgelöst werden, der zwar nicht die eigene Erfahrung ersetzen, aber durch „Mit-Leiden" zumindest eine ähnliche Wirkung erzielen kann. Der Rezipient ist durch die Geschichte um eine Perspektive reicher und hat im besten Sinne etwas dazu gelernt.

CHECKLISTE 2: Dramaturgie

✓ Wichtigste Zutat für digitales Storytelling ist und bleibt eine gute Geschichte mit einer spannenden Dramaturgie. Sie ist auch auf digitalen Plattformen das beste Transportmittel für Informationen.

✓ Eine geschickte Dramaturgie entsteht aus einem starken Anfang, dem

Konfliktaufbau, dem Höhepunkt und schließlich einem möglichst ein-
prägsamen Schluss.

✓ Durch dramaturgische Stilmittel kann die Aufmerksamkeit des Nutzers
erhöht und somit die Erinnerung an die journalistische Geschichte verstärkt werden. Im besten Fall wird ein „Aha"-Erlebnis erzeugt.

✓ Dramaturgische Stilmittel sind beispielsweise: Kontraste und Paradoxien,
Unwissenheit der Handelnden, Überraschungen, Neugierde, Retardierung,
Erregung, Humor.

3.6   Welche Story für welchen Kanal?

When platforms are not competing but supporting each other, the most appropriate
medium can be used to tell the story in the most appropriate way.
                                                                    (Stephen Quinn, 2005)

Das Internet und die mit ihm verbundene Verbreitung digitaler Endgeräte wie
Smartphones oder Tablets hat zu einer Zusammenführung der bis dato vonein-
ander getrennten Medienkanäle geführt. Text, Bild, Video, Grafik und andere
Formen: In der digitalen Welt verschwimmen die Grenzen zwischen ihnen, neue
Formen des Storytelling entstehen.

Anstatt die Potenziale, die Chancen dieser Entwicklung zu sehen und für sich
zu nutzen, scheinen sich jedoch bis heute noch immer viele Journalisten an die
gewohnten, altbekannten Formate zu klammern. Laut Wolfgang Spang (2006)
sei es bezeichnend, dass viele der Medienmacher ihr Handwerk in den klassischen Medien gelernt haben – oftmals noch bei einem Printmedium. Schon für
das klassische Fernsehen und Radio hätten sich erst langsam medienspezifische
Qualitätsstandards entwickelt, Regeln für die mediengerechte Verpackung von
Inhalten. Für den digitalen Journalismus auf Webseiten oder gar das Erzählen auf
mobilen Endgeräten wie Smartphones oder Tablets gibt es bisher kaum medienspezifische Aufschlüsselungen von Kriterien.

Dabei war die Diskussion um die optimale Darstellung eines Themas schon
immer ein wesentlicher Bestandteil jeder Redaktion – auch vor dem Zeitalter von
Internet, Social Media, Smartphones und Tablets. Seit jeher gehört es zu den Schlüssel-
qualifikationen des Journalisten zu entscheiden, welche Darstellungsform wann und

wo für welches Thema geeignet ist. Der Journalist und Dozent Christian Jakubetz (2011) fragt deshalb: „Ist es dann so ungewöhnlich und gleichermaßen zu viel verlangt, wenn man diese Diskussion noch um ein paar Optionen mehr erweitert?"

Anders als die traditionellen Printmedien, anders als im TV oder Radio können Geschichten auf digitalen Geräten ihr Potenzial endlich voll entfalten: Nur hier können die Hintergründigkeit der Zeitung, die Bildstärke des Fernsehens und die Unmittelbarkeit des Radios zu einem multimedialen Informations- und Erlebnispaket verschmelzen. Multimediale Erzählformen werden in Zukunft daher noch mehr als heute ein Alleinstellungsmerkmal digitaler Plattformen gegenüber den traditionellen Medien Print, Radio und Fernsehen sein. Die richtige und geschickte Verknüpfung, das Wissen um die Stärken und Schwächen der unterschiedlichen Medienformen wird dabei maßgeblich über den Erfolg oder Misserfolg einer Medienmarke entscheiden. Längerfristig werden sich jene Angebote durchsetzen, welche „die Technologie der Zeit für die Erzählformen der Zeit" nutzen (Keel und Perrin 2009, S. 2).

Ganz praktisch bedeutet dies für Jens Radü (2012), Multimedia-Redakteur beim *Spiegel*, dass jedem Medium seine Stärke gelassen werden sollte: „Wenn ich wirklich starke O-Töne als Audio habe, dann sollte ich sie benutzen. Wenn ich starke Fotos von jemandem habe, den ich vielleicht portraitieren möchte, dann sollte ich sie benutzen und nicht versuchen, diese Person irgendwie im Text zu beschreiben." Bei einer geschickten multimedialen Erzählweise ohne handwerkliche Brüche, so Radü, wisse der Nutzer am Ende idealerweise gar nicht mehr, aus welchen Einzelbestandteilen diese bestanden hat. Im besten Fall wisse der Nutzer nur noch, dass er eine gute Geschichte erzählt bekommen hat. Ob diese vor allem anhand eines Textes erzählt wurde, ob auch Fotos integriert waren oder ein O-Ton als Audio – „wenn ihm das gar nicht mehr bewusst ist, dann ist viel erreicht".

Gutes Storytelling erfordert laut Meier (2002), „ein Thema in Informationseinheiten zu zerlegen und im Vorfeld genau zu überlegen, mit welchem Medium jede Informationseinheit am besten transportiert werden kann". Dazu braucht es ein Grundverständnis der jeweiligen Stärken und Schwächen, der Chancen und Risiken der unterschiedlichen Einzelmedien, die im Folgenden umrissen und zueinander ins Verhältnis gebracht werden.

3.6.1   Text – die Qualität des Lesens

Trotz aller multimedialer Gestaltungsmöglichkeiten: Die meisten journalistischen Angebote im World Wide Web sind noch immer textzentriert. Und das aus gutem Grund: Das geschriebene Wort wird nicht nur am schnellsten übertragen, sondern ist auch im digitalen Zeitalter das beste Mittel, um harte und knappe Informationen so zu transportieren, dass sie dem User eine schnelle Orientierung bieten. Die Darstellung von Gedanken, von Optionen und Kausalitäten ist mit Worten ungleich leichter und expliziter als etwa mit Bildern. Deshalb werden wohl auch in Zukunft die in Schriftform übermittelten Informationen gegenüber anderen Formen wie Fotos, Videos oder Audios das vorherrschende Element bleiben. Allenfalls die Mediatheken von TV-Sendern wie *ARD* oder *ZDF* stellen das Bewegtbild auch im Internet bereits heute klar in den Vordergrund, weil die große Auswahl an audiovisuellen Beiträgen eben ihr Alleinstellungsmerkmal ausmacht.[1]

Was für die meisten Websites gilt, ist auch bei journalistischen Angeboten für Smartphones und Tablets zu beobachten: Auch auf diesen Plattformen ist der Text in den meisten Fällen das grundlegende Medium, da er auch dort einige Vorteile gegenüber anderen Formen mit sich bringt. Er ist prägnant, schnell umzusetzen und bietet eine hohe Informationsdichte. So liegt es in der Natur des Mediums Schrift, dass oftmals selbst bei Fernsehsendern eine Eilmeldung zuallererst in Textform veröffentlicht wird, bevor anschließend mit Fotos, bewegten Bildern, Grafiken und anderen Formen die Berichterstattung vertieft wird. Steht die pure Information im Vordergrund der Berichterstattung, wird auch auf mobilen Endgeräten immer der Text am schnellsten die Nachricht transportieren können. Der wesentliche Nachteil von Texten liegt darin, dass sie relativ statisch und im Vergleich zu Video oder Audio in der Regel weniger emotional sind.

Bei multimedial aufbereiteten Inhalten sollte sich der Text jedoch nicht gegenüber anderen Medienformen in den Vordergrund drängen. Stattdessen sollte er, wie Meier (2002) es beschreibt, nach dem „Judo-Prinzip" die Kraft der anderen Elemente nutzen. Umgekehrt sollte mit Videos, Fotos, Audios und Animationen genau der Aspekt eines Themas dargestellt werden, der im Text nur schlecht bzw. nicht so eindrucksvoll erzählt werden kann. Wie bei einer guten Fernseh-Reportage gilt auch für gutes digitales Storytelling: Der Text nutzt die Kraft der Bilder. Wobei neben Fotos und Videos auf digitalen Plattformen eben noch eine ganze Palette weiterer Darstellungsformen möglich wird, auf die im siebten Kapitel ausführlich eingegangen wird.

Was die Anforderungen an einen guten Text betrifft, so wurden die Gemeinsamkeiten und Unterschiede zwischen analoger und digitaler Schriftform bereits hinreichend in der Literatur beschrieben: nicht zu lange Sätze, möglichst

---

[1] Siehe dazu bspw. die Mediatheken von ARD und ZDF. URL: http://www.ardmediathek.de bzw. http://www.zdf.de/ZDFmediathek.

wenige Fremdwörter, der sparsame Einsatz von Adjektiven – all das gilt sowohl für das gedruckte als auch das digital übertragene Wort.[2]

In der Redaktionspraxis ist gute Sprache im Wesentlichen nicht von ihrem Trägermedium abhängig. Ein guter Text ist ein guter Text, ob auf einer Website, auf dem Tablet oder auf Papier. Der multimedial arbeitende Journalist sollte ihn weniger an das entsprechende Medium, als vielmehr an die Zielgruppe und die Nutzungssituation des Users anpassen: Will der User auf dem Weg zur Arbeit, in der U-Bahn sitzend, sich bloß kurz mit seinem Smartphone über die neuesten Nachrichten informieren? Oder liegt er mit seinem Tablet zu Hause auf der Couch und will auch unterhalten werden?

CHECKLISTE 3: Texte

Vorteile von Text
+ Text ist einfach zu produzieren und am schnellsten übertragbar
+ ideal für schnelle, knappe und prägnante Informationen
+ gerade bei komplexen, abstrakten Zusammenhängen oft eine gute Wahl
+ Der User hat die volle Zeithoheit, indem er das Lesetempo bestimmen kann

Nachteile von Text
− im Vergleich zu anderen Medienarten relativ statisch
− wirkt weniger emotional als Fotos, Videos oder Audios
− verlangt mehr Konzentration vom User als andere Medienarten

3.6.2 Foto – die Qualität des Moments

Das Grundelement digitaler Bilder sind Pixel: eine Ansammlung zahlreicher Punkte, die auf einer viereckigen Fläche Farben markieren. Die Größe der Bilddatei hängt dabei neben dem gewählten Kompressionsverfahren (GIF, JPEG, PNG usw.) von der Anzahl der Punkte – in der Regel mehrere Millionen – und

---

[2] Lese-Tipp: Siehe dazu bspw. Schneider 2011; Kurz et al. 2010; Häusermann 2008; Herrmann 2006.

der Anzahl der möglichen Farben ab. Je mehr Pixel ein Foto enthält, desto detail-
reicher und natürlicher erscheint es. Illustrationen und Farbe wirken dabei auf
den Betrachter wie Magneten. Im Printjournalismus dienen Fotos deshalb schon
lange als Instrument zur Steuerung des Leserblicks.

Der große Vorteil der Fotografie gegenüber dem geschriebenen Wort ist, dass
sie sich direkter und unbewusster an die emotionale Ebene des Rezipienten richtet.
Bilder können den Zugang zu einem Text erleichtern, indem sie sofort Gefühle und
Deutungen hervorrufen und den Nutzer neugierig machen auf die Geschichte hinter
dem Augenblick. Während man in einem Text mehrere Zeilen oder sogar Absätze
braucht, um im Kopf des Lesenden ein Bild zu erzeugen, wirkt ein Foto sofort.
„Die Kraft des Visuellen sollte man nicht unterschätzen", so Daniel Nauck (2012),
Mitbegründer und Geschäftsführer der Produktionsfirma 2470media. Gerade bei
dem „Wust an Informationen, die an uns vorbei und durch uns durch fliegen", könnten Bilder oftmals besser die Aufmerksamkeit von Nutzern gewinnen als etwa Texte.

Auch wenn das bestehende Bild – erst durch das Fernsehen und dann
durch das Internet – zunehmend vom bewegten Bild abgelöst wird: Die Stärke
des Moments, des augenblicklichen Details gibt ihm weiter seine Daseins-
berechtigung. Beispielhaft genannt seien hier das Sportfoto, das den wichtigsten Augenblick wie den Zieleinlauf oder den Torschuss einfriert, und der
Amateurfilm, der zufällig die Ermordung des damaligen US-Präsidenten John F.
Kennedy festhielt. Wie Meier (2002) schreibt, ging nicht der Film selbst um die
Welt, „sondern ein kleiner Ausschnitt als Foto, das stark vergrößert genau den
Moment zeigte, in dem Kennedy von einer Kugel getroffen zusammenbrach."

Eine weitere Stärke des Fotomediums ist, dass ihm noch immer eine relativ höhere Glaubwürdigkeit zugesprochen wird als Texten – ganz nach dem
Sprichwort: Ein Bild sagt mehr als tausend Worte. Dabei können Fotos ohne
großen Aufwand inszeniert werden und sind heute durch die Möglichkeiten der
digitalen Bildbearbeitung äußerst manipulierbar.

Ein gelungenes Beispiel dafür, wie Bilder auf digitalen Plattformen multimedial zu einer neuen, spannenden Darstellungsform verschmelzen können, sind
die von der Produktionsfirma 2470media umgesetzten „Berlin-Folgen".[3] Die etwa
zweiminütige Audio-Slideshow (in Abschn. 7.1 wird näher auf diese Form eingegangen) erscheinen wöchentlich auf *taz.de* und bieten in einer Mischung aus
Fotos, Audios und Videosequenzen in jeder Folge einen portraitierenden Einblick
in das alltägliche Leben eines Berliners (Abb. 3.1).

---

[3] Siehe dazu die Audio-Slideshow-Serie „Berlin-Folgen". URL: http://berlinfolgen.2470me
dia.eu.

Abb. 3.1 Audio-Slideshows bringen die Stärke des Fotos zur Geltung – die Qualität des Moments (*Quelle* Tablet-Screenshot von berlinfolgen.de)

CHECKLISTE 4: Fotos

Vorteile von Fotos
+ wirken unmittelbarer und emotionaler auf den User als Text
+ können den Nutzerblick steuern und auf einen Text aufmerksam machen
+ wirken auf die meisten sehr authentisch und haben damit eine hohe Glaubwürdigkeit („Ein Bild sagt mehr als tausend Worte")
+ können bei einem besonderen Moment eindrucksvoller wirken als Bewegtbilder der gleichen Situation
+ können auf digitalen Plattformen mit Audios kombiniert werden, zu 3D-Welten verschmelzen, Hot-Spots enthalten – und so ganz neue Darstellungsformen ermöglichen

Nachteile von Fotos
 − benötigen oft einer zusätzlichen Erklärung durch Text oder Ton
 − werden als authentischer wahrgenommen, als sie sind, da leicht zu inszenieren
 − sind zudem durch Bildbearbeitung leicht manipulierbar

3.6.3   Video – die Qualität des Erlebens

Viele Menschen halten das Sehen für den wichtigsten Sinn, über den sie verfügen. Und selbst wenn Text als schneller Informationslieferant auch auf digitalen Plattformen oftmals unschlagbar bleibt: Gerade das bewegte Bild, das Video, kann in vielen Fällen emotionaler und unterhaltender sein – und damit einen entscheidenden Beitrag zu gelungenem digitalen Storytelling liefern.

Videos beruhen dabei auf einer Täuschung des menschlichen Auges. Sie stellen für die meisten Betrachter ein kontinuierliches Medium dar, bestehen aber in Wirklichkeit nur aus einer Reihe von einzelnen Bildern, die mit einer bestimmten Geschwindigkeit und oftmals mit Audios unterlegt nacheinander abgespielt werden. Nach dem Prinzip des analogen Daumenkinos verschwimmen beim Video schnell aufeinander folgende Sinnesreize miteinander und die Veränderungen in den Bildern werden als Bewegung wahrgenommen. Je mehr Bilder pro Sekunde ein Video enthält, desto weicher erscheinen die Bewegungen. Klassische Kinofilme verwenden beispielsweise 24 Bilder pro Sekunde.

Beim Einsatz von Videosequenzen auf multimedialen Plattformen sollte darauf geachtet werden, dass nur Themen dafür in Frage kommen, die gut in Bildern erzählt werden können. Banal, aber elementar: Es muss sich etwas im Video ereignen, das den Kern der journalistischen Geschichte betrifft. Lieblos aneinander geschnittene, beliebig austauschbare Schnittbilder von Pressekonferenzen, Fußgängerzonen, Parteifahnen im Wind oder vorfahrende Limousinen sind zwar in Fernsehnachrichten bis heute keine Seltenheit, sollten aber auf multimedialen Plattformen der Vergangenheit angehören. Denn gerade hier ist die Redaktion – anders als beim linearen Fernsehen – ja nicht auf den Einsatz von Bewegtbildern angewiesen, sondern kann komplexe Sachverhalte auch in Textform oder in einer Grafik darstellen.

Ein wesentlicher Unterschied von digitalen Videos zu klassischem Fernsehen ist die Situation der Rezipienten. Vor dem Fernsehgerät sitzt der Zuschauer meist bequem in einer passiven lean back-Haltung und will einige Meter vom Bildschirm entfernt informiert und unterhalten werden. Der Web-Nutzer befindet sich dagegen meist in einer aktiven lean forward-Haltung: Er sitzt nah vor dem Bildschirm, oftmals in einer Arbeitssituation, und entscheidet per Mausklick immer wieder neu, welche digitalen Inhalte ihn interessieren. Digitales Storytelling, das mehrere Medienarten verbindet, sollte im besten Fall beide Nutzungsmodi ansprechen, da die Grenzen zwischen Web und TV – ähnlich wie die Grenzen zwischen den journalistischen Darstellungsformen – zunehmend verwischen. Zudem eignen sich mobile Endgeräte wie Tablets mit ihren großen, hochauflösenden Displays auch immer besser für die Rezeption von Medieninhalten in einer lean back-Haltung – zum Beispiel für das entspannte Lesen eines längeren Textartikels auf einer Dienstreise im Zug oder für das Erkunden einer umfassenden Multimedia-Reportage auf dem heimischen Sofa.

CHECKLISTE 5: Videos

Vorteile von Videos

+ immer dann eine gute Wahl, wenn sich im Bild viel ereignet, etwas wirklich Sehenswertes passiert
+ gelten als authentisch und haben damit eine hohe Glaubwürdigkeit
+ wirken oftmals emotionaler als Text und können den Zuschauer direkt fesseln
+ geben das Gefühl, vor Ort dabei zu sein, eine Situation/Person live mitzuerleben
+ eignen sich optimal zur Unterhaltung und für entspannte lean back-Situationen (etwa auf der Couch)
+ können auf digitalen Plattformen in 3D dargestellt werden, Hot-Spots enthalten und für den Nutzer so ganz neue Bewegtbild-Erlebnisse schaffen

Nachteile von Videos

− sind aufwändiger in der Produktion und brauchen oftmals mehr Vorlauf als Texte oder Fotos
− werden als authentischer wahrgenommen, als sie sind, da bewegte Situationen und O-Töne auch inszeniert werden können (und beim Schnitt vielfach verändert werden)
− komplexe Zusammenhänge können oft nicht gut oder nur oberflächlich in Bewegtbildern dargestellt werden. Gerade bei bildarmen Themen: Vorsicht vor Bild-Text-Scheren!
− oft nicht so ideal für die mobile Mediennutzung (etwa in der U-Bahn) oder die Nutzung im Büro (lauter Ton)

3.6.4   Audio – die Qualität des Hörens

Beim Radio wird es wohl keinen Nutzer überraschen, wenn beim Einschalten plötzlich eine Sprecherstimme, O-Töne, Geräusche oder Musik an das Ohr dringen. Anders aber ist das auf digitalen Plattformen, wo Audios mit einer Vielzahl anderer, visueller Elemente konkurrieren und nicht mehr automatisch erwartet werden. Deshalb sollten Audio-Formen auch nur dann eingesetzt werden, wenn es um ein Thema geht, bei dem das Hören eine besondere Rolle spielt, bei dem es tatsächlich etwas zu hören gibt – beispielsweise bei einem Portrait über einen Musiker oder der Meldung über einen peinlichen Versprecher eines Politikers kurz vor der Wahl.

Die an unser Ohr reichenden Töne sind dabei nichts anderes als Schallwellen, die mithilfe von Audio-Programmen auch grafisch sichtbar gemacht werden können. Sie entstehen in der Regel dadurch, dass die Luft in Schwingung versetzt wird und diese Schwingungen wiederum kleinste Veränderungen im Luftdruck erzeugen. Die Quelle eines Tones ist dabei immer ein mechanisch vibrierender Körper – beispielsweise die Membran eines Lautsprechers oder die Stimmbänder des menschlichen Kehlkopfes. Wie bei digitalen Bildern muss auch bei digitalen Audios ein Kompromiss zwischen Qualität und Datengröße gefunden werden.

Im Zusammenspiel mit anderen Medienformen können Audios die emotionale Seite eines Themas und dadurch die Aussage eines Textes, Fotos oder Videos verstärken. Einer der wesentlichen Stärken von Audios ist auch ihre Authentizität, die sie einer journalistischen Geschichte beisteuern können. Denn Töne sind kaum manipulierbar und gelten deshalb bei den Nutzern als sehr glaubwürdig – vor allem, wenn sie live übertragen werden. Gesprochene Sprache ist informationsreicher und emotionaler als geschriebene Sprache, was man schnell am Beispiel eines verschriftlichten Interviews erkennt: Etliche Informationen wie Sprechgeschwindigkeit, Lautstärke und Stimmlage gehen darin verloren. Die Authentizität ist weitaus geringer, als wenn man die echte Stimme hören würde.

Die Stärken von Audio lassen sich auch dazu nutzen, um mit Geräuschen, Klängen oder Musik eine akustische Atmosphäre zu schaffen – beispielsweise bei einem Intro zu einem Webspecial über die Tierwelt am russischen Baikalsee. Die Nutzer werden auf diese Weise akustisch sofort in das Thema hineingezogen und von Beginn an nicht nur rational, sondern auch emotional angesprochen.

CHECKLISTE 6: Audios

Vorteile von Audios

+ immer dann eine gute Wahl, wenn etwas Spannendes/Ungewöhnliches zu hören ist (umstrittene O-Töne von Politikern, Walgesänge etc.)
+ gelten als authentisch und haben damit eine hohe Glaubwürdigkeit
+ wirken oftmals emotionaler als Text und können durch Stimme, Geräusche und Atmo das berühmte „Kino im Kopf" erzeugen
+ eignen sich optimal zur schnellen Live-Berichterstattung von einem Ort oder zu einer aktuellen Nachricht
+ eignen sich gut zur Nebenher-Nutzung (etwa beim Kochen, im Auto oder im Bad)
+ können auf digitalen Plattformen andere Medienarten ergänzen und zu einem multimedialen Erlebnis machen (Beispiel: Webspecial über Regenwald)

Nachteile von Audios

− sind je nach gewünschter Qualität oftmals aufwändiger zu produzieren als Texte oder Fotos
− können auf digitalen Plattformen schnell untergehen, wenn sie mit Fotos und Videos um die Aufmerksamkeit der Nutzer konkurrieren
− das Tempo der Rezeption kann bei Audios nicht wie beim Lesen von Text angepasst werden
− oft nicht so ideal für die mobile Mediennutzung oder die Büro-Nutzung (außer mit Kopfhörern)

3.6.5   Grafik – die Qualität der Reduzierung

Die moderne Nachrichtenwelt ist übersättigt von Informationen. Sekündlich ereignen sich auf der Welt neue Dinge, werden Fakten und Daten verbreitet, die von Journalisten immer wieder überprüft, auf das Wesentliche destilliert und in den Zusammenhang gebracht werden müssen. Eines der wertvollsten Werkzeuge, die dabei helfen können, ist da für das digitale Storytelling eine uralte Kulturtechnik: das Zeichnen und Malen – nur eben in moderner Form, mit digitalen Grafiken.

Wenn Journalisten bei der Berichterstattung Grafiken einbauen, machen sie im Prinzip nur das, worauf Lehrer und andere Pädagogen seit Jahrzehnten vertrauen: „große Themen in kurze Stücke aufgliedern, das grafisch darstellen, was als Text schlecht übermittelt werden kann" (Küpper 2010, S. 3). Denn Menschen sind von Natur aus visuell geprägt und werden in vielen Fällen seit ihrer Kindheit an grafische Formen gewöhnt, indem beispielsweise schon Kinderbücher und Schulbücher farbige Zeichnungen, Tabellen und Diagramme enthalten.

Die im Journalismus eingesetzte Grafik steht dabei der nüchternen, textlichen Nachricht näher als dem eher emotional wirkenden Foto oder Bewegtbild. Sie sollte eine klare, auf das Wichtigste zugespitzte Information enthalten – weshalb es nahe liegt, dass sie oft auch Infografik genannt wird. Ihr wesentlicher Mehrwert besteht darin, komplizierte oder unübersichtliche Vorgänge vereinfacht darzustellen, sie auf ihren Kern zu reduzieren. Die Aussage der Grafik sollte möglichst auf den ersten Blick erkennbar sein und das Verständnis des dazugehörigen Textes erleichtern. Wenn man sie nicht zwingend braucht, sollte auf die Verwendung einer Grafik verzichtet werden, empfehlen Wolf Schneider und Paul-Josef Raue (2012): „Was mit wenigen Sätzen klar zu beschreiben ist, gehört nicht in eine Grafik."

Wenn sich jedoch der Einsatz einer Grafik anbietet, stellt sich im nächsten Schritt die Frage nach der genauen Umsetzung. Für den Vergleich von Zahlen bietet sich beispielsweise oft ein Säulen- oder Balkendiagramm an, das möglichst kurz und prägnant beschriftet werden und zudem eine Angabe der Datenquelle enthalten sollte. Weitere Elemente einer Grafik können außerdem eine Fieberkurve (Daten in einem zeitlichen Verlauf), eine Tabelle, ein Tortendiagramm, eine Landkarte oder auch eine Illustration sein.

Durch digitale Plattformen hat das Visualisieren von Daten eine neue Dimension bekommen: Webseiten oder Apps bieten die zusätzliche Möglichkeit, grafische Elemente zu animieren sowie durch zahlreiche Effekte und interaktive Optionen zu ergänzen. Dadurch entstehen ganz neue Möglichkeiten der journalistischen Aufbereitung von Daten (s. Abschn. 7.1: Grafische Formen), die unter dem Begriff Datenjournalismus zusammengefasst werden.

CHECKLISTE 7: Grafiken

Vorteile von Grafiken

+ können komplexe Zusammenhänge auf das Wesentliche reduzieren, veranschaulichen und damit leichter verständlich machen
+ können auch animiert und dadurch zu ganz neuen Bewegtbild-Formen entwickelt werden

+ der Nutzer hat die volle Zeithoheit beim Betrachten der Grafik (wenn es keine Animation ist)
+ bieten gerade für den Datenjournalismus ganz neue Formen der digitalen Darstellung und interaktiven Nutzung

Nachteile von Grafiken
— sind aufwändiger in der Produktion und brauchen mehr Vorlauf als Texte oder Fotos
— haben oft nur eine sehr geringe emotionale Wirkung auf den Nutzer und können dadurch weniger fesseln als Fotos oder Videos
— verlangen oft mehr Konzentration vom Nutzer als andere Medienarten
— sind anfällig für fehlerhafte Darstellungen von statistischen Sachverhalten (ein mathematisches Grundwissen kann nicht schaden)

Faszination Tablet-Computer

4

Als temporäre Erscheinung haben Menschen auch das erste Automobil eingeschätzt und gemeint, dass Pferde immer die bessere Wahl bleiben würden.

(Lukas Kircher, 2011)

Zusammenfassung

Ein digitales Endgerät, das die multimediale Verbindung aller Medienarten auf eine für die Medienbranche viel versprechende Weise ermöglicht, ist der Tablet-Computer. Nach einem kurzen Abschnitt über den 2010 einsetzenden iPad-Hype sollen im vierten Kapitel die Technologie des Tablet-Computers und seine Rolle für den digitalen Wandel im Journalismus vorgestellt werden. Insbesondere die gerätespezifische Navigation und die mit ihr verbundenen Möglichkeiten der Nutzerführung bieten ein spannendes Experimentierfeld, das von den Medienanbietern sehr unterschiedlich beackert wird. Die Vorstellung der bisher typischen Tablet-Formate gibt einen aktuellen Einblick in die journalistische Praxis digitalen Storytellings auf Tablets.

Zugespitzt könnte man sagen: Tablet-Computer sind eigentlich ein alter Hut. Denn bereits vor über 30 Jahren (1979) hat Apple ein zumindest äußerlich ähnlich anmutendes Gerät auf den Markt gebracht: das sogenannte Apple Graphics Tablet. Abgesehen von der Bezeichnung und einer – wenn auch nicht vergleichbaren – Eingabefunktion, gibt es allerdings nicht viele Gemeinsamkeiten zu Apples heutigem iPad. Schon ähnlicher war da das Message Pad 100, besser bekannt als Newton (Name des Betriebssystems), das Apple im Jahr 1993 als ersten Tablet-Computer herausbrachte. Doch das PDA-Gerät (PDA: Personal Digital Assistant) war offensichtlich seiner Zeit voraus: Es erreichte nicht die erhofften Verkaufszahlen und wurde 1998 wieder eingestellt.

S. Sturm, *Digitales Storytelling*, DOI: 10.1007/978-3-658-02013-2_4,
© Springer Fachmedien Wiesbaden 2013

Anfang des 21. Jahrhunderts versuchte sich auch das IT-Unternehmen Microsoft an einem Tablet-PC, mit dem man Digitalversionen von Zeitungen und Zeitschriften lesen kann. Unter dem Codenamen „E-Periodical" entwickelte Microsoft ab dem Sommer 2002 in den USA und in Europa ein digitales Zeitschriftenformat, das mit einem Tablet-Gerät über den Internetbrowser abrufbar sein sollte. Medienpartner waren unter anderem die renommierte US-Zeitschrift *The New Yorker*, die britische Tageszeitung *Financial Times* und das deutsche Wirtschaftsmagazin *Wirtschaftswoche*. Mehr als 400.000 der Microsoft-Tablets sollten nach Prognosen bis Mitte 2003 verkauft werden. Doch wie bei vergleichbaren Projekten zuvor setzte sich die Idee nicht durch.

Seitdem haben sich der Umgang mit dem Computer und damit auch die Palette an Anforderungen seitens der Nutzer radikal verändert. Vor allem die immer bessere und kostengünstigere Verbreitung von mobilem Internet und der damit verbundene Boom von Smartphones haben den Weg für das Tablet-Comeback frei gemacht. Die neue Geräteklasse wird zunehmend beliebter bei den Endkunden und ist auf dem besten Wege, sich als ein neues Medium zu etablieren.

Der Startschuss fiel am 3. April 2010, der vielleicht einmal als der Tag gelten wird, der die Medienbranche erst ins Rollen gebracht und schließlich auf den Kopf gestellt hat. Denn an diesem Tag kam in den USA das erste Modell des Apple-Computers iPad auf den Markt. Der Hype um das neue Gerät war enorm: Vor den amerikanischen Apple-Geschäften bildeten sich zum Verkaufsstart bereits Stunden zuvor lange Warteschlangen hunderter Apple-Fans, die mit Klappstühlen, Decken, Schlafsäcken und Proviant auf dem Bürgersteig ausharrten. So groß war für viele der Wunsch, als einer der ersten Kunden Apples Tablet-Rechner in den Händen zu halten. Allein in den ersten vier Wochen nach dem Verkaufsstart wurde das iPad in den USA etwa eine Million Mal verkauft.

Einige der Apple-Fanatiker reisten zum Verkaufsstart sogar extra aus Europa an, weil der Tablet-Rechner dort erst einige Woche später auf dem Markt kam. Durch eine Verkettung von Zufällen war es sogar ein Deutscher, der weltweit als erster offizieller Kunde in New York ein iPad in die Hände bekam: der Münchener Journalist und Blogger Richard Gutjahr.[1] Seinen erfolgreichen Coup teilte er daraufhin sofort über den Kurznachrichtendienst Twitter mit: „First iPad sold goes to Bavaria."

Diese Begeisterung eines deutschen Journalisten steht für die mit dem Tablet-Computer verbundenen Hoffnungen der gesamten Verlagsbranche, die sich mit

---

[1] Siehe dazu auch seinen in Journalistenkreisen recht bekannten Weblog. URL: http://gutjahr.biz/.

der Einführung des iPads im Frühjahr 2010 eine zweite Chance versprach, „die Gelegenheit, ihre tatsächlichen oder vermeintlichen Fehler bei der Festlegung ihrer Online-Strategien nicht zu wiederholen oder sie sogar zu korrigieren. Die Geschichte, so schien es, würde doch umgeschrieben werden können." (Meier 2011, S. 142)

Doch was wird von diesem Hype der Anfangszeit auf lange Sicht übrig bleiben? Fabian Mohr (2010), Multimedia-Chef bei *Zeit Online*, sieht dieser Frage gelassen entgegen. Für ihn ist das Tablet so etwas wie „ein Panzerknacker für neue Zielgruppen", spannend genug, um in das neue mobile Endgerät zu investieren. Ein Restrisiko, dass eine Technologie sich nicht durchsetzt, gebe es schließlich immer.

Tatsächlich sind die bisweilen hitzigen Diskussionen um den vermeintlichen Hype oder Segen von Tablets für die Medienbranche kein neues Phänomen; Ähnliches war auch schon bei der Einführung anderer Technologien zu beobachten. „Die enorme Erwartungsblase rund um das iPad wird deshalb gerade in den Verlagshäusern kurzfristig auch zu Enttäuschungen führen", glaubt Lukas Kircher (2011), Mediendesigner und Gründer der Agentur KircherBurkhardt, und fügt hinzu: „Das ändert aber nichts an der Tatsache, dass sich Tablets als neue Medienträger durchsetzen werden."

4.1 Begriffliche Grundlagen

Auch wenn es mittlerweile von einer Reihe anderer Hersteller (Samsung, Microsoft, Acer, HTC etc.[2]) mit Konkurrenzmodellen gejagt wird: Der prominenteste Vertreter der Tablet-Geräteklasse ist nach wie vor das iPad von Apple. Allein in den ersten beiden Jahren seit dem sagenumwobenen Marktstart im Frühjahr 2010 sollen weltweit etwa 55 Millionen iPads verkauft worden sein. Ende 2012 kam bereits die vierte Generation des Tablets mit dem angebissenen Apfel auf der Rückseite auf den Markt. Analysten der Unternehmensberatung Gartner schätzen, dass sich bis 2015 die Zahl der Tablets von Jahr zu Jahr vervierfachen wird.

Interessant dürfte dabei in den nächsten Jahren vor allem der Wettstreit zwischen Apples iPad und dem im Juni 2012 vorgestellten Tablet Surface von Microsoft werden. Das Microsoft-Tablet stellt einen Wendepunkt

---

[2] Siehe dazu bspw. die aktuelle Tablet-Bestenliste auf Chip.de. Kurz-URL: http://bit.ly/jzguix.

in der Geschichte des Software-Riesen dar, der lange mit einem eigenen
Konkurrenzmodell zum iPad auf sich warten ließ.

Bevor es in diesem Kapitel um die Navigation und journalistische Formate auf
solchen Geräten geht, sollen zunächst die Begriffe „Tablet-Computer" und „App"
genauer definiert werden.

4.1.1   Tablet-Computer

Tablet-Computer (engl. tablet = Schreibtafel) sind tragbare, leichte und ext-
rem flache Computer, die etwa knapp die Größe eines DIN-A4-Blattes aufweisen. In den meisten Fällen lassen sie sich wie ein Notizbuch per Stift oder Finger
nutzen – ohne eine integrierte oder herausklappbare Tastatur (sogenannte
Slate-Bauform). Wichtigstes Element zur Bedienung ist stattdessen ein berüh-
rungsempfindlicher Bildschirm (auch Touchscreen genannt), der über eine
Software Gesten und Handschriften erkennt.

Seit dem Erfolg von Apples iPad stürzen sich auch andere Laptop- und
Handyhersteller auf den wiederentdeckten Markt dieser Geräteklasse. Dabei werden nicht nur die umfangreichen multimedialen Fähigkeiten von Tablets bewor-
ben, sondern auch ihre mögliche Verwendung als eBook-Reader. Im Vergleich
zu klassischen eReadern haben Tablets jedoch meist eine wesentlich vielseitigere
Ausstattung und können von ihrer Funktionalität her fast mit gängigen Laptops
mithalten. Wenn es nach dem mittlerweile verstorbenen Apple-Chef Steve
Jobs geht, soll das iPad sogar nicht weniger als das Post-PC-Zeitalter einläuten:
Als multimedialer Alleskönner verspricht es „eine Kombination, die E-Reader
und Videomonitor, Musikabspielstation, Videokonsole und einen mobilen
WWW-Browser samt E-Mail-Account in sich vereint" (Kurp 2010, S. 3). In die-
ser Multi-Funktionalität von Tablets stecken auch für den Journalismus spannende Potenziale für neue Darstellungsformen und damit verbundene neue
Geschäftsmodelle.

4.1.2   App

Auch wenn der Tablet-Computer bereits von Haus aus das Surfen durchs
Internet, das Abrufen von E-Mails, das Lesen von Büchern, das Betrachten von
Fotos und viele weitere Funktionen bietet: Erst die in den Online-Shops angebo-
tenen Apps sind der Motor jedes Tablet-Rechners. Erst mit ihnen kann der User

den Tablet-Computer zu seinem persönlichen Allzweckgerät machen und es an seine Bedürfnisse anpassen. Ob für die Terminplanung, die Fahrplanauskunft, Konzerttipps oder den Wetterbericht – mittlerweile gibt es fast für jede Lebenslage eine passende App.

Der Begriff App (Kurzform des englisches Wortes für Anwendung: application) bezeichnet im Allgemeinen jede Form von elektronischen Anwendungsprogrammen. Im Sprachgebrauch sind damit aber mittlerweile vor allem Anwendungen für Smartphones und Tablet-Computer gemeint, die über einen in das Betriebssystem integrierten Online-Shop installiert werden können – beispielsweise den App Store von Apple oder den Android Market von Google (mittlerweile Play Store genannt).

4.2   Die Verheißungen der App-Welt

Die zunehmende Verbreitung mobiler, internetfähiger Endgeräte führt dazu, dass in den Mobilstrategien der Verlage Apps für Tablets und Smartphones eine zunehmend wichtige Rolle spielen. Allein für das iPad gibt es laut dem Bundesverband deutscher Zeitungsverleger (BDZV) bereits 90 Zeitungs-Apps (Stand: Mitte 2012). Hinzu kommen nochmals rund 200 Apps für das iPhone, die sich aber größtenteils automatisch aus den Angeboten der Websites generieren. Mobile Angebote für andere Betriebssysteme wie Android hinken zahlenmäßig noch hinterher, holen aber nach und nach auf. Wesentliche Vorteile nativer, geschlossener Apps sind für die Verlagsbranche vor allem die schnelle Verfügbarkeit und das im Gegensatz zum klassischen Internet sehr beherrschbare Format: „Die unterschiedlichen Bildschirmauflösungen zwingen im Internet oft zu Kompromissen, während bei einer App eine hohe Kontrollmöglichkeit über das Design beziehungsweise die Präsentation von Inhalten besteht." (Kircher 2011, S. 175)

Doch Apps können für die kriselnden Print-Verlage womöglich noch viel mehr bedeuten: Sie nähren die Hoffnung, auch in der digitalen Welt mit journalistischen Inhalten Geld verdienen zu können. Noch fehlt es aber in vielen Medienhäusern zur Verwirklichung von Paid Content an einem bahnbrechenden Bezahlungsmodell für digitale Plattformen – ähnlich wie es Apple mit iTunes oder dem App Store gelungen ist, indem Nutzer dort nach einer einmaligen, einfachen Registrierung nur mittels eines Passwortes Musik, Videos, Bücher und Apps kaufen können. Ähnliches muss sich laut Georg Konjovic (2012), Director Premium Content bei der Axel Springer AG, auch die Verlagsbranche einfallen lassen: „Die Monetarisierung wird nur dann erfolgen, wenn die Bezahlung zu einer nebensächlichen Selbstverständlichkeit wird."

Auch für TV-Sender stellen Tablets und Smartphones eine neue Herausforderung dar. „Mobile Endgeräte revolutionieren die Mediennutzung", sagt beispielsweise Arnd Benninghoff, Vorsitzender der Geschäftsführung von ProSiebenSat. 1 Digital (zit. n. Hengl 2012, S. 8). Vor allem junge Nutzer mobiler Endgeräte surfen immer häufiger im Internet, während sie zugleich fernsehen – ein Trend, auf den sich Fernsehsender einstellen müssen. So bietet beispielsweise ProSiebenSat. 1 den Zuschauern der Musik-Show „The Voice of Germany" die Möglichkeit, sich über den Web-Browser oder eine spezielle App parallel zum TV-Geschehen weitere Informationen auf ihr mobiles Endgerät zu holen. Die Sendergruppe nennt dieses Second-Screen-Angebot nicht weniger als „eine neue Dimension des Fernsehens" und wirbt vor allem damit, dass die Zuschauer sich interaktiv beteiligen können: „Du möchtest mit deinen Freunden chatten und über die Sendung diskutieren? Du möchtest mit raten, welcher Coach sich umdreht oder nicht? Du willst alle Hintergrundgeschichten zu den Talents lesen?" All das ist in der neuen Internetwelt mit einem Wisch auf dem mobilen Gerät mittlerweile wie selbstverständlich möglich.

Auch Zahlen anderer TV-Unternehmen wie der Mediengruppe RTL zeigen, dass mobile Angebote zunehmend nachgefragt werden: Im Jahr 2011 stiegen nach Unternehmensangaben die Videoabrufe über alle mobilen Angebote von RLT Deutschland auf 75 Millionen – ein Plus von 165 Prozent gegenüber dem Vorjahr. Das Ende dieses Trends und die damit verbundenen Möglichkeiten für Medienanbieter scheinen noch längst nicht erreicht zu sein.

4.3 Die Kunst der Touch-Navigation

Viele in der Medienbranche scheinen sich einig zu sein: Auf Tablets wird anders gelesen als auf Webseiten, in Zeitungen oder in Büchern. Aber was genau heißt „anders"? Muss der Journalismus auf mobilen Endgeräten neu erfunden werden? Wie sollte digitales Storytelling auf Tablet-Rechnern aussehen, damit es Nutzer und Verlage glücklich macht?

Zunächst einmal ist festzuhalten: Die grundlegenden Handwerksregeln für guten Journalismus haben sich trotz aller digitaler Umbrüche im Wesentlichen nicht verändert (s. Abschn. 2.3: Was eine gute (digitale) Geschichte ausmacht). Journalismus auf digitalen Endgeräten wie Tablet-Computern oder Smartphones muss nicht grundlegend neu erfunden werden. Gute Recherche, Faktenrichtigkeit, Transparenz, Relevanz, Glaubwürdigkeit, Kompetenz in der

Sache und im Fach, Unabhängigkeit und klare Trennung zwischen Redaktion und Werbung, Verantwortungsbewusstsein und Selbstkritik bleiben wesentliche Grundpfeiler von hochwertigem Journalismus – ganz gleich, auf welcher Plattform er stattfindet (vgl. Goderbauer-Marchner 2010, S. 73).

Was sich jedoch stark ändert bzw. ändern sollte, ist die Nutzerführung durch die journalistischen Inhalte auf digitalen Plattformen, die gerätespezifische Navigation und das entsprechende Layout. Nicht die grundsätzlichen Anforderungen an einen guten, spannenden Text haben sich in der digitalen Welt gewandelt, sehr wohl aber die richtige Aufbereitung von Textbausteinen, ihre Anordnung und Verknüpfung im Zusammenspiel mit anderen Elementen wie Fotos, Videos oder Grafiken. Gerade auf Tablet-Computern können journalistische Geschichten zu multimedialen Erlebnissen werden, die nicht nur den Kopf des Nutzers ansprechen, sondern auch seinen Bauch und sein Herz. Der Tablet-Computer bietet mit seiner hochauflösenden Touch-Oberfläche völlig neue Formen der Nutzer-Navigation. Dabei sollte zudem auch die spezifische Nutzungssituation für einen Tablet-Rechner beachtet werden: Smartphones eignen sich mit ihrem kleineren Bildschirm und eher geringen Bandbreiten vor allem für schnelle, aktuelle Nachrichten, die der Nutzer von überall aus abrufen kann. Tablet-Rechner bieten sich hingegen auch für eine längere Rezeption an, etwa zuhause am Frühstückstisch oder auf der Couch, wo mit einer WLAN-Verbindung auch große Datenmengen angezapft werden können.

Um sich einer nutzergerechten Navigation und damit einem wichtigen Grundstein von gutem Storytelling auf Tablet-Rechnern zu nähern, hilft der Blick in die allgemeinen Spielregeln von Software, für die sich über die letzten Jahre ein einigermaßen tragfähiger Konsens über bestimmte Qualitätskriterien entwickelt hat. Zu finden sind diese ganz wesentlich in den sieben Grundsätzen der Dialoggestaltung (DIN EN ISO 9241-10), wonach Software nur dann als benutzerfreundlich gilt, „wenn sie aufgabenangemessen, selbstbeschreibend, steuerbar, erwartungskonform, fehlertolerant, individualisierbar und lernförderlich ist" (Heijnk 2011, S. 30).

Diese Regeln sagen viel über die Anforderungen aus, die aus Usability-Perspektive auch bei einer journalistischen Tablet-App beachtet werden sollten. Der vielleicht wichtigste Punkt dabei: die Erwartungskonformität, also die Verknüpfung der neuen technischen Möglichkeiten mit den altbekannten, erlernten Gewohnheiten aus anderen Medien. Die Tablet-Nutzer erwarten wie bei einer Zeitung oder einer Zeitschrift auch von einer App „ein verlässliches, vertrautes Ordnungsmuster und durchgängig in gleicher Weise eingesetzte Standard-Elemente" (Heijnk 2011, S. 30). Ansonsten verliert der User erst den Überblick in der Navigation und damit auch schnell den Spaß an der Nutzung. Da kann die App noch so hochwertige Inhalte und ausgefallene Ideen mitbringen: Ohne eine einfache und vom Nutzer her gedachte Navigationslogik verschenkt jeder Medienanbieter wertvolles Potenzial für Paid Content auf dem Tablet-Rechner.

4.3.1 Technische Navigation durch Gesten

Im Gegensatz zu herkömmlichen Computern, die indirekt über Maus und Tastatur bedient werden, wird ein Tablet-Computer direkt über den berührungsempfindlichen Bildschirm bedient. So erfolgt auch die Navigation durch journalistische Inhalte auf Tablet-Geräten wie dem iPad über eine Reihe von Bewegungen eines oder mehrerer Finger auf dem berührungsempfindlichen Multi-Touch-Bildschirm. Abhängig vom Kontext und je nach App kann es dabei sein, dass Bewegungen unterschiedlich von der Software interpretiert werden.

Auch wenn die Navigation auf Touch-Bildschirmen sehr natürlich und intuitiv erscheint: Für journalistische Inhalte auf Tablet-Rechnern ist es entscheidend, dass Produzenten und Rezipienten gleichermaßen mit den möglichen Gesten und ihren Funktionen vertraut sind. Denn Nutzer-Studien zeigen, dass längst nicht alle möglichen Multitouch-Gesten so eingängig und selbstverständlich sind, wie täglich geübte Medienmacher das vielleicht vermuten würden. Deshalb sollten Nutzer gerade in der Pionierzeit journalistischer Tablet-Apps möglichst an die Hand genommen werden, indem man sie mit Hilfe von Pfeilsymbolen und genauen Erklärungen durch die Inhalte führt. Im Folgenden soll ein Überblick über die wichtigsten Fingergesten zur Navigation auf Multitouch-Geräten gegeben werden:

- Ein **einfacher Fingertipp** (engl. Tap) ist die wohl am häufigsten angewandte Geste und entspricht einem Mausklick auf herkömmlichen Computern. Durch Tippen kann der Nutzer beispielsweise eine App starten, Links zu Videos oder Fotostrecken öffnen, Menüoptionen auswählen und vieles mehr.
- Ein **Doppeltipp** (engl. Double Tap) entspricht der Funktion des Doppelklicks mit der Computermaus. Zudem kann auf mobilen Touchscreen-Geräten durch einen Doppeltipp beispielsweise die Darstellung einer Webseite vergrößert und durch einen erneuten Doppeltipp wieder verkleinert werden.
- **Tippen, halten und ziehen**: Mit dieser Geste können Nutzer Objekte auf der Bildschirmoberfläche bewegen und Textstellen oder Bilder markieren, um sie anschließend zu kopieren, löschen oder an einer anderen Stelle einzufügen.
- Das **Streichen** oder Wischen (engl. swipe) ist eine der grundlegenden Navigationsgesten auf Tablets, mit Hilfe dessen der Nutzer sich von

Seite zu Seite oder auch von Foto zu Foto bewegen kann. Hier wird wie bei Printmedien auch von Blättern gesprochen. Streicht man nach oben oder unten, entspricht dies der Scroll-Funktion der Computermaus: Der Nutzer navigiert innerhalb der aufgerufenen Darstellung je nach Bewegung nach oben oder unten.

- Mit **Auf- und Zuziehen** kann der Nutzer auf dem Tablet in eine Darstellung hineinzoomen (vergrößern) oder aus ihr herauszoomen (verkleinern). Dazu bewegt man den Daumen und einen weiteren Finger entweder aufeinander zu oder auseinander.
- **Rotieren**: Manche Darstellungen auf dem Tablet erlauben es, bestimmte Inhalte mit zwei Fingern um ihre Achse zu drehen. Dazu legt man zwei Finger auf den Bildschirm und bewegt diese kreisförmig im oder gegen den Uhrzeigersinn.

Das Verständnis der technischen Navigation ist eine wichtige Voraussetzung für den zweiten Aspekt der Navigation, der maßgeblich für gelungenes digitales Storytelling ist: die inhaltliche Navigation. Denn nicht nur das Gesamterlebnis einer journalistischen Tablet-App sollte bedienungsfreundlich sein, sondern auch das detaillierte Layout der einzelnen Elemente, das den Nutzer an keiner Stelle unnötig überfordern darf. Bei der Konzeption einer geeigneten Nutzersteuerung kann dabei teilweise auf vertraute Konventionen aus der Print- und Webwelt zurückgegriffen werden.

4.3.2   Inhaltliche Navigation durch Gestaltung

Wie bei Webseiten ist auch für journalistische Tablet-Apps die gestalterische Architektur von großer Bedeutung, um den Nutzer nicht im digitalen Dickicht aus Modulen, Multimedia-Elementen, Unterseiten und Querverweisen zu verlieren. Für das Interface- und Screen-Design von Tablet-Apps fehlt es jedoch bisher noch an ausreichenden Erfahrungen, um klare Aussagen darüber zu machen, was wirklich funktioniert, was eher nicht und was auf keinen Fall. Die Gestaltung von Tablet-Apps steckt noch in der Pionierphase – Journalisten, Grafiker und Programmierer müssen erst noch herausfinden, welche Nutzersteuerung auf Tablets zum Erfolg führt.

Grundlegend für das Interface-Design auf Tablets ist in jedem Fall das „Look and Feel" einer App oder Tablet-optimierten Seite. Der Nutzer sollte sich möglichst schnell zurechtfinden und eine Art Heimatgefühl entwickeln – ähnlich wie es der Printleser bei seiner liebgewonnenen Lokalzeitung empfindet. Meier (2002) vergleicht diese Anforderung an die Navigation mit dem Arbeitsraum eines Handwerkers: „Man stelle sich nur eine Werkstatt vor, in der die Werkzeuge jeden Tag woanders aufbewahrt werden: Der Schreiner würde verrückt werden." Dass man bei aller Experimentierfreude die Nutzungsgewohnheiten der Rezipienten nicht außer Acht lassen sollte, zeigt auch ein Beispiel aus der Fernsehwelt: das Nachrichtenformat der *Tagesschau*. Diese sei laut Sadrozinski (2012), ehemaliger Redaktionsleiter von *tagesschau.de*, vor allem deshalb so erfolgreich, weil sie sich über die letzten Jahrzehnte kaum verändert habe. Eine etwas konservative Haltung gegenüber neuartigen Formaten, findet Sadrozinski, sei deshalb aus Nutzersicht gar nicht so verkehrt. Und auch Fischer (2012) glaubt bei allen ernstzunehmenden Trends an das Überleben altbewährter Produkte, die für Qualität stehen:

> *Bis heute gehen Leute vor einem alten Porsche in die Knie. Und auch wenn wir heute teilweise in völlig absurden, fremden Welten leben, suchen die Leute noch immer nach einem schönen, alten Möbelstück. Viele der heutigen Musikhits klingen nicht viel anders als das, was wir schon früher gehört haben.*
>
> (Gabriele Fischer, Chefredakteurin von *brand eins*)

Wie ein Handwerker mit seinen Werkzeugen, muss auch der moderne Tablet-User erst langsam ein Gefühl dafür entwickeln, wie er sich mit welchen Werkzeugen über die Bildschirmoberfläche bewegt, wie der Inhalt strukturiert ist, welche Menüpunkte zur Wahl stehen, welche Symbole was bedeuten. All diese Navigationsaspekte sind „Schnittstellen-Werkzeuge wie bei herkömmlichen Maschinen Knöpfe, Hebel, Pedale oder Steuerräder" (Meier 2002, S. 95). In jedem Fall sollte der Tablet-Nutzer zu jedem Zeitpunkt wissen, wo er sich innerhalb einer App-Ausgabe befindet. Ob durch eine horizontale oder vertikale Navigationsleiste mit Seitenzahlangabe, ein Inhaltsverzeichnis als Pop-up oder als sogenannte Flip-View mit Miniaturdarstellung der Seiten: Hauptsache, der Nutzer verliert sich nicht.

Die perfekte Bauanleitung für eine journalistische Tablet-App ist zwar noch nicht gefunden, doch so langsam scheinen sich erste Trends in der journalistischen Gestaltung durchzusetzen. Ein Beispiel ist das sogenannte Libroid-Format, das beispielsweise auch die Tablet-App der *Frankfurter Rundschau* aufweist. Dieses Format teilt den Bildschirm im Querformat in drei Spalten auf. Dabei kann in allen drei Spalten Text enthalten sein – oder aber in der mittleren Spalte ist der Haupttext platziert und die Spalten rechts und links daneben

alte Musiker aus den USA arbeitet seit März 2010 als Geigenlehrer an Sarmasts Schule in Kabul. Er hat Vivaldis „Vier Jahreszeiten" mit traditioneller afghanischer Musik ergänzt und daraus ein bezauberndes neues Werk geformt, das die Zuhörer im Konzertsaal in Washington begeistert beklatschen.

Vor allem aber haben Sarmast und Harvey ihren Schülerinnen und Schülern vermittelt, dass sie eine Zukunft haben. Da ist Fikria Azizi, die 15 Jahre alte Cellistin. Sie packt ihr Instrument in einen knallgelben Kasten und sagt: „Ich will Profi-Musikerin werden. Das wird hart, aber ich kann es schaffen." Und da ist Milad Yousufi. Der Pianist des Orchesters träumt von einem Studium an einem Konservatorium in den USA. „Am liebsten in New York oder in Boston", sagt er. Vielleicht gelingt ihm das sogar, denn Milad Yousufi ist ein begabter Klavierspieler. Vor kur-

Handschlag vom US-Außenminister: John Kerry hat sich das Konzert in Washington angehört.

zem habe er bei einem internationalen Wettbewerb in Frankfurt am Main den dritten Platz errungen, sagt Milad. „Bach, Beethoven, Mozart und Chopin sind meine Lieblingskomponisten."

Doch Musik ist nicht nur Vergnügen, sondern auch Politik. Sanfte Diplomatie gewissermaßen. Das hat die US-Regierung erkannt und die Tournee des Jugendorchesters Kabul bezahlt. Erfolgsmeldungen aus Afgha-

nistan sind knapp, und die USA wollen bis Ende 2014 die meisten ihrer Soldaten aus dem Land abziehen. Deswegen hat sich auch John Kerry an seinem ersten Arbeitstag als neuer US-Außenminister zehn Minuten Zeit genommen, um die Musikerinnen und Musiker zu begrüßen. Musik, sagt Kerry und zupft an einer Sitar, sei die Sprache des Friedens: „Ihr seid Botschafter des Friedens."   ▪

Fotos: AP, afp (5), rtr

Abb. 4.1 Das dreispaltige Libroid-Format am Beispiel der Tablet-App der Frankfurter Rundschau vom 9. Februar 2013 (*Quelle* Tablet-Screenshot)

bieten Zusatzelemente, die sich auf den jeweils sichtbaren Textabschnitt beziehen (Abb. 4.1).

Hält der Nutzer beim Libroid-Format den Tablet-Computer hochkant, verschwinden die Randspalten zugunsten eines ungestörten Lesens in der Hauptspalte. Jeder Format-Modus verfolgt also ein klares Navigationsprinzip, auf das der Nutzer sich verlassen kann. Bei der iPad-App der *Frankfurter Rundschau* heißt das konkret: Im Hochformat bekommt der Nutzer eine auf Text und Fotos beschränkte „Fassung ohne Schnörkel", im Querformat hingegen „wandelt sich der Inhalt zum Multimedia-Magazin" (Heijnk 2011, S. 30).

Was die Länge und Gestaltung der Bildschirmseiten betrifft, hat sich noch kein favorisiertes Modell durchgesetzt. Anders als Papierseiten können Tablet-Seiten theoretisch unbegrenzt lang sein. In der Praxis wird neben Rollseiten aber auch immer häufiger mit auf den Bildschirm begrenzten Seiten gearbeitet, durch deren Inhalt sich der Nutzer horizontal per Wisch-Bewegung vor oder zurück navigieren kann.

4.4   Kleine Manöverkritik: die Tablet-App
von brand eins

*In einer flüchtigen Welt kannst Du auch mitflüchten – oder eben nicht. Das muss man
sich sehr genau überlegen.*

(Gabriele Fischer, Chefredakteurin von *brand eins*)

Abgesehen von der Navigation durch die verschiedenen Themen einer App-
Ausgabe, ermöglichen Tablet-Computer noch viele weitere Möglichkeiten, journalistische Inhalte im Detail unkonventionell und spannender zu gestalten, ohne dass
es zu einer bloßen Spielerei wird. Das lässt sich beispielsweise an der eher mini-
malistisch gehaltenen, sehr Print-ähnlichen iPad-App des Wirtschaftsmagazins
brand eins verdeutlichen, deren Entwicklung laut Chefredakteurin Fischer dazu
geführt hat, dass sich die Redaktion verstärkt damit auseinandergesetzt hat, wofür
die Marke *brand eins* eigentlich steht – und das seien keine Videos, nicht die
Vernetzung durch Hyperlinks, sondern eben Print. „Das ist unsere Kompetenz", so
Fischer (2012). „Und das versuchen wir besonders gut zu machen."

Doch auch wenn Print weiterhin das Kernelement bleiben soll: Die Tablet-
App bleibt im Vergleich mit dem innovativen Design des gedruckten Heftes hinter ihren gestalterischen Möglichkeiten zurück.

Wenn man sich beispielsweise die Mai-Ausgabe von 2012 genauer anschaut,
steckt in vielen App-Seiten noch großes Potenzial, mit einfachen Mitteln die
Tablet-Ausgabe mediengerecht aufzuwerten und ein für den Nutzer gerätespezi-
fisches Erlebnis zu schaffen – ohne dass die Veränderungen gleich ein spezielles
Layout mit entsprechenden Kosten mit sich bringen würden. So könnte man zum
Beispiel den *brand eins*-typischen Prolog dieser Ausgabe – deren Schwerpunkt
das Thema Loyalität ist – nicht bloß mit einem Foto von Mafia-Pate Vito
Corleone und einem Film-Zitat einleiten. In der digitalen Aufbereitung steckt
noch viel mehr als die bloße Übertragung des Print-Layouts (Abb. 4.2).

Würde diese zweifelsohne gelungene, augenzwinkernde Optik auf dem Tablet
nicht noch besser in das Thema hineinziehen, wenn man eine Intro-Seite anbieten
würde, auf der das Foto größer dargestellt ist (evtl. sogar im Vollbild-Format) und der
Nutzer per Fingertipp auf ein Audio-Symbol das kurze Filmzitat im Original anhören könnte? Wäre es nicht noch eindrucksvoller, die echte rauchige Stimme von US-
Filmlegende Marlon Brando zu diesem Foto zu hören? Und generell: Würden sich
bei Themen, für die ein erstklassiger Fotograf mehr als ein oder zwei hochwertige,
spannende Bilder gemacht hat, nicht auch öfters Audio-Slideshows (s. Abschn. 7.1:
Foto-Formen) anbieten? Würde diese – wenn gut gemachte – fast schon künstlerisch
anmutende audiovisuelle Foto-Form nicht optimal zur Marke *brand eins* passen?

Schwerpunkt: Loyalität

Prolog

„Irgendwann, möglicherweise aber auch nie,
werde ich dich bitten,
mir eine kleine Gefälligkeit zu erweisen."

Vito Corleone (Marlon Brando) in: „Der Pate" (1972)

Abb. 4.2 Print- und Tablet-Layout sind identisch (*Quelle* App-Ausgabe der brand eins im Mai 2012)

Neben dem Prolog findet sich seit einigen Jahren auch in jeder *brand eins*-Ausgabe die Rubrik „Die Welt in Zahlen". Schwarz auf weiß werden dort spannende, im besten Fall überraschende Zahlen zueinander ins Verhältnis gesetzt. Würde der Aha-Effekt dieser Rubrik nicht noch verstärkt, wenn der Nutzer auf dem Tablet nicht sofort die Zahlen sehen würde, sondern nach dem Lesen der Textzeilen erst einen Button berühren müsste, hinter dem sich die jeweilige Zahl versteckt? Eine solche Navigation würde die kognitive Wirkung der Zahlen jedenfalls durch eine haptische Ebene ergänzen.

Ähnliches wäre bei der Rubrik „Hinter der Statistik" denkbar: Auf dem Tablet könnte die abgebildete Grafik nicht nur interaktiv aufbereitet werden, sondern auch viel größer auf einer Bildschirm-Seite dargestellt werden. Über einen Button (beschriftet etwa mit „Hinter die Statistik schauen") könnte sich die Grafik umdrehen und der Nutzer würde auf charmante Weise zum dazugehörigen Text und der Beantwortung der im Vorspann gestellten Fragen kommen.

Für eingefleischte Lese-Fans, die auf dem Tablet gar nicht mehr erwarten als den Eins-zu-Eins-Ableger des Printprodukts, mögen solche Details vielleicht bloß nette Spielerei sein. Für eine wachsende Zahl an Tablet-Nutzern sind solche gerätespezifischen Umsetzungen jedoch ein echter Mehrwert, für den sie auch bereit sind, ihren Geldbeutel zu öffnen. Diverse Studien deuten zumindest daraufhin, dass Paid Content auf diese Weise in der digitalen Welt eine echte Chance bekommen könnte. Einfallslose digitale Kopien von Printprodukten ohne wirklichen Mehrwert werden jedenfalls regelmäßig in Käufer-Kommentaren verrissen. Marktforscher von Goldmedia Research fanden heraus, dass gerade jene journalistischen Tablet-Apps gut bei Nutzern ankommen, die neue Darstellungsformen und echten Mehrwert gegenüber der Print-Version aufweisen können. Tablet-Rechner scheinen demnach aus Nutzersicht ganz klar eine Multimedia-Plattform zu sein, auf der sie neben Text, Foto und Grafik auch andere Elemente wie Audios, Videos und interaktive Elemente erwarten.

Doch auch wenn *brand eins* bisher nur wenige der multimedialen Möglichkeiten auf Tablet-Computern nutzt: Die Einführung der App hat doch erste Auswirkungen auf die redaktionelle Heftgestaltung mit sich gebracht, weil auf dem Tablet eben immer nur eine Magazinseite angezeigt werden kann und keine Doppelseite. Fischer (2012): „Wir achten beim Layout der Seiten jetzt deutlich mehr als vorher darauf, dass auch die einzelne Seite allein stimmig ist." Und auch der Blick in die journalistischen Apps anderer Medienhäuser zeigt: Gerade in der Gestaltung der einzelnen Tablet-Seiten unterscheiden sich viele der Formate erheblich. Im Folgenden soll dieses Spektrum systematisiert und in typische Tablet-Formate aufgeteilt werden.

4.5   Journalistische Tablet-Formate

Anscheinend müssen immer erst ein paar Jahre vergehen, bis ein neues Medium seine eigenen Möglichkeiten entdeckt und nutzt.

(Anton Simons, 2011)

Gemäß dieser Aussage von Simons müssen die Möglichkeiten des Tablet-Mediums – ähnlich wie zuvor auch schon für das Medium Fernsehen oder den Online-Journalismus – erst noch entdeckt, ausprobiert, verworfen, weiterentwickelt und definiert werden. „400 Jahre gedruckter Zeitungskultur haben dazu geführt", so schreibt Kircher (2011), „dass die Blattmelodie, der Rhythmus einer

Zeitung, stimmig ist. Für Tablet-Applikationen gibt es diesen Erfahrungsschatz noch nicht." Die Nutzung von Tablet-Rechnern und das journalistische Storytelling auf ihnen ist für die meisten Verlage – ob in Deutschland oder anderswo – noch ein großes, weitgehend unentdecktes Spielfeld. Für wirklich gesichertes Wissen über die optimale „User Experience" ist es noch zu früh, da es sich um eine völlig neue Geräteklasse handelt. Klar erscheint nur: Auf Tablet-Endgeräten wird anders gelesen als in Printmedien oder auf Webseiten. Doch was heißt das für die Entwicklung von Medien-Apps?

Noch mangelt es an einheitlichen Standards, viele der Usability-Probleme entstehen vor allem dadurch, dass es eine Vielzahl unterschiedlicher Konzepte der Tablet-Benutzerführung gibt. Mal sieht eine App aus wie ein Printmagazin, mal ähnelt die Optik eher der einer Website. Mal muss der Nutzer sich durch ein Angebot blättern, mal scrollen. Bei der einen App navigiert er vertikal, bei der anderen horizontal, bei der nächsten geht beides. Hier lassen sich Bilder mit zwei Fingern groß ziehen, dort nur per Druck mit einem Finger auf das Foto, woanders funktioniert es nur durch Berühren eines Icons oder es geht gar nicht.

Der folgende Versuch einer Kategorisierung der bisher erschienenen Medien-Apps kann deshalb nur eine Momentaufnahme sein. Die gesamte Tablet-Branche befindet sich derzeit quasi in einer unbefristeten Beta-Phase, aus der lediglich erste Trends abzuleiten sind.

4.5.1 Formate im Printstil

Viele der bisher angebotenen Tablet-Apps von Lokal- und Regionalzeitungen unterscheiden sich inhaltlich und in der Gestaltung kaum bis gar nicht von der Printausgabe. Sie sind also nicht als ein eigenes journalistisches Produkt zu verstehen, sondern lediglich als praktische Ergänzung zur gedruckten Zeitung – beispielsweise auf Reisen. Der wesentliche Unterschied zum gedruckten Printprodukt liegt in der speziellen Navigation auf dem Tablet-Computer durch die Zeitung: Anstatt zu blättern, wird von Seite zu Seite gewischt. Per Fingertipp kann vergrößert oder verkleinert werden (s. Abschn. 4.3: Technische Navigation durch Gesten). Ein bei vielen Apps angebotenes Inhaltsverzeichnis und Vorschauseiten bieten dem Nutzer einen schnellen Überblick über die aktuelle Zeitungsausgabe. Ein Beispiel für eine Tablet-App im Printstil ist die der *Ruhr Nachrichten*, mit der Abonnenten der gedruckten Ruhrgebiets-Zeitung für 2,90 Euro pro Monat zusätzlich die digitalen Ausgaben abonnieren können. Das reine Digital-Abo kostet 15,90 Euro pro Monat (Stand: Januar 2013).

Aber auch die Tablet-Apps überregionaler Tageszeitungen kommen in ihrer Gestaltung oftmals nicht über ein PDF-nahes Erlebnis hinaus. Sprich: Sie bilden mehr oder weniger eine digitale Kopie der Zeitung. Manche der Apps dieses Typs bieten den Nutzern immerhin noch eine Lesezeichen-Funktion und einen Lesemodus, in dem man auf Rollseiten nur den reinen Text lesen und die Schriftgröße anpassen kann – wie beispielsweise bei den ePapern des *Handelsblatts* und der *Frankfurter Allgemeinen Zeitung*. Ansonsten sind diese Tablet-Apps aber wie die Printausgabe für das horizontale Blättern strukturiert. Mit einer Tablet-gerechten Nutzerführung und multimedialem Storytelling haben sie nicht viel zu tun. Foto-Galerien, interaktive Grafiken, Videos oder Audios gibt es bei dem simpelsten aller Tablet-Formate nicht.

4.5.2 Webähnliche Formate

Der zweite App-Typ orientiert sich am altbekannten Web-Layout bzw. generiert den Großteil seiner Inhalte von einer Webseite. So bot beispielsweise die seit 2010 erhältliche iPad-App von *Focus Online* in der ersten Version noch vertikales Scrollen und eine Navigationsleiste am Seitenkopf an – so wie es der Nutzer bereits von der Webseite gewöhnt war. Mittlerweile wurde jedoch die Navigation Tablet-gerechter gestaltet. Mitte 2012 wurde die Startseite in vier Module aufgeteilt: ein Nachrichtenticker-Balken oben, ein Video-Balken unten, dazwischen ein großes Fenster für die Top-Themen und ein kleineres, in dem die verschiedenen Ressorts aufgerufen werden können (Abb. 4.3). Für die aktuellste Version der *Focus*-App wurde das Layout erneut überarbeitet.

Ähnliche Formate wie *Welt HD* (die Tablet-Ausgabe der Zeitung *Die Welt*), die sich mit jedem Aufruf oder mehrmals am Tag aktualisieren, setzen zwar auf ein eigenes Tablet-Layout, beziehen aber ihre aktuellen Inhalte weitestgehend aus dem jeweiligen Online-Angebot. Mehr als bei anderen Formaten stellt sich hier die Frage, worin der wirkliche Mehrwert zum Online-Angebot liegen kann, damit User auch bereit sind, dafür zu zahlen. Reicht eine andere grafische Aufbereitung, eine bessere Navigation oder die Möglichkeit zur Personalisierung da schon aus? Oder erwarten die User von einer kostenpflichtigen App mehr als das?

Als Unterkategorie des webähnlichen Formats könnte man zudem auch die Tablet-optimierten Webseiten zählen. Wenn beispielsweise ein User mit seinem iPad die Seiten von *Zeit Online* im Browser aufruft, passt sich das gesamte Web-Layout an das Gerät an: Die Seiten werden übersichtlicher, die Abstände zwischen den Elementen und die Schrift werden größer (s. später folgend in Abschn. 4.4: Tablet-optimierte Webseiten).

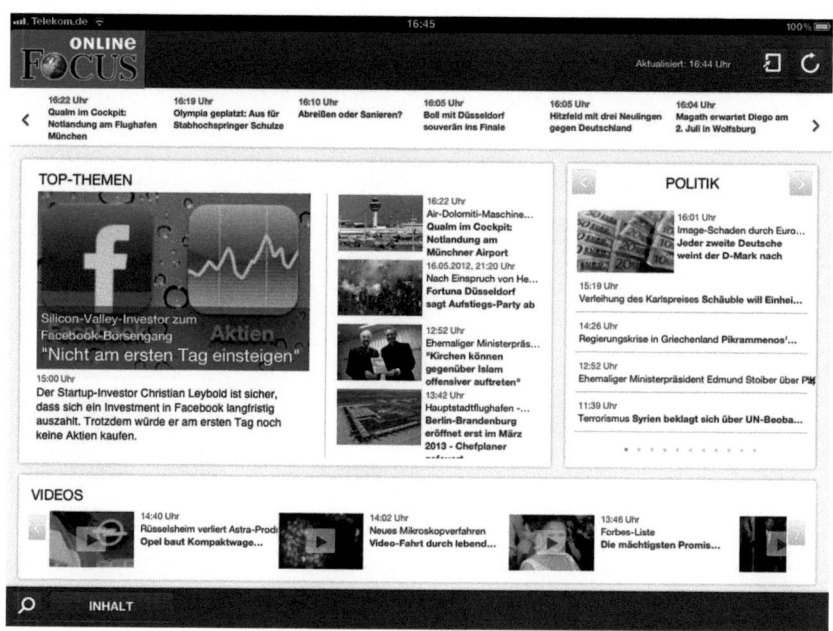

Abb. 4.3 Die webähnliche iPad-App von Focus Online (*Quelle* Tablet-Screenshot/Mai 2012)

4.5.3 Rundfunk-Formate

Eine Sonderstellung nehmen die Tablet-Apps von TV- und Radiosendern ein, beispielsweise der öffentlich-rechtlichen Rundfunkanstalten, die ihre Inhalte aus ihren Onlineseiten bzw. Mediatheken generieren. Die Aufmachung orientiert sich dabei ebenfalls häufig an den Web-Geschwistern, ist aber an das Tablet-Format angepasst. Ein vor Gericht umstrittenes Beispiel ist die Tablet-App der *Tagesschau*, die laut dem ehemaligen Leiter der *tagesschau.de*-Redaktion vor allem dazu dienen soll, die ohnehin bestehenden TV- und Radio-Inhalte der Website gerätegerecht zu übertragen (Abb. 4.4). Der Nutzer solle „die *Tagesschau* bekommen", so Sadrozinski (2012), „wann immer und auf welchem Gerät auch immer er sie haben möchte."

Vielen Verlagen sind solche kostenlosen öffentlich-rechtlichen Medienangebote jedoch ein Dorn im Auge. Sie betrachten sie als unfaire Konkurrenz zu ihren kostenpflichtigen Apps, zumal mobile Angebote wie die der *Tagesschau* neben Videos

Abb. 4.4 Die Tablet-App der Tagesschau (*Quelle* Tablet Screenshot vom 11. Februar 2013)

auch presseähnliche Texte enthalten würden. Nach Ansicht vieler Zeitungsverleger
stellt die Tagesschau-App für Smartphones und Tablets ein nicht sendungsbezoge-
nes Produkt dar und sei damit rechtswidrig. Für Sadrozinski (2012) steht es hinge-
gen außer Frage, dass auch öffentlich-rechtliche Rundfunkanstalten Apps für mobile
Endgeräte anbieten dürfen, aus seiner Sicht sogar müssen, weil immer mehr junge
Menschen über solche Geräte fernsehen würden: „Wenn wir als öffentlich-rechtliche
Sendung weiterhin eine Legitimation haben wollen, dann müssen wir auch derar-
tige Ausspielkanäle bedienen", so der ehemalige Redaktionsleiter von *tagesschau.de*.
„Schon aus Eigeninteresse müssen wir uns für die Zukunft ganz anders aufstellen."
Weitere deutschsprachige TV-Apps für Tablet-Computer bieten außer der *ARD* bei-
spielsweise auch die Fernsehsender *ZDF, Arte, n-tv, ProSieben, RTL* oder *Sport1*.

Neben dem Fernsehen hat aber auch das Radio schnell per App seinen Weg
auf die Tablet-Computer gefunden. Mit der iPad-App der gleichnamigen Website
radio.de können Nutzer beispielsweise unterwegs mehr als 5.000 deutsche und
internationale Radiosender hören. Schon wenige Tage nach der Veröffentlichung
erreichte die App in Apples App Store den ersten Platz. Zahlreiche Radiosender

aus unterschiedlichen Bundesländern sind mittlerweile auch mit einer eigenen App zu finden: das Berliner *Spreeradio* etwa, *Hit Radio FFH* oder *Radio Hamburg*. Auch öffentlich-rechtliche Radiosender wie der *WDR*, der *BR* oder der *Deutschlandfunk* sind mittlerweile mit eigenen Tablet-Apps vertreten. Die *WDR*-Radio-App fürs iPad bietet beispielsweise ihren Nutzern den praktischen Mehrwert, dass mit dem Wechsel des Senders in der oberen Navigationsleiste (sechs Hörfunkwellen und drei ausschließlich digitale Kanäle) auch die jeweilige Website angezeigt wird, auf der Nutzer weitere Informationen abrufen können.[3] Der Schwerpunkt dieser wie auch der meisten anderen Radio-Apps liegt aber noch immer darauf, dass man mit ihr Radio hören kann. Dabei wäre ein audiovisuelles Magazin mit einem klaren Fokus auf dem Klangerlebnis sicherlich eine Mehrwert schaffende Möglichkeit – beispielsweise als Weiterführung einer gedruckten Musikzeitschrift.

4.5.4 Erweiterte Formate

Zur Gruppe der erweiterten Formate kann man jene Tablet-Apps zählen, die über das bloße Generieren von Print- oder Webseiten-Inhalten hinaus einen gerätespezifischen Mehrwert bieten, aber keine eigene Publikation darstellen. Erweiterte Tablet-Formate orientieren sich von ihrer Grundstruktur her an der Print-Ausgabe, integrieren aber multimediale Möglichkeiten wie Videos, Animationen oder interaktive Grafiken. Ein Beispiel für ein solches Tablet-Format stellt die *Spiegel*-App dar (Abb. 4.5). Weitere Beispiele für das erweiterte Tablet-Format sind die Apps der *Süddeutschen Zeitung*, der *Zeit* oder auch der *Bild*-Zeitung. Diese Tablet-Formate gehen mit ihren multimedialen Elementen zwar schon in Ansätzen über die klassische Printlogik hinaus, doch viele der tabletspezifischen Erzählmöglichkeiten werden – zum Teil ganz bewusst – noch nicht genutzt.

So sagt auch Wolfgang Luef (2012), zuständiger Redakteur für die Tablet-Ausgabe des *Süddeutsche Zeitung Magazins*, dass es bei seinem Magazin-Produkt derzeit nicht darum gehe, eine völlig neue Form des Erzählens zu erfinden. Es gehe eher darum, „wie man bewährte und äußerst aufwändig hergestellte Inhalte" auf einem neuen zusätzlichen Kanal präsentieren kann: „Wir versuchen das Gerät einfach intelligent zu bespielen, zum größten Teil mit Inhalten, die der Qualität entsprechen, die unsere Print-Redaktion produziert."

---

[3] Siehe dazu die WDR-Radio-App. Kurz-URL: http://bit.ly/Tsctcf.

Abb. 4.5 Tablet-App des Spiegels (*Quelle* Tablet-Screenshot)

4.5.5 Eigenständige Formate

In einer fünften und fortschrittlichsten Gruppe lassen sich jene Medien-Apps bündeln, „die Struktur-Elemente von Printmedien und Websites, mit Multimedia-Elementen und der Interaktivität des Internets in gerätespezifischer Weise verbinden" (Heijnk 2011, S. 36). Ein auf dem deutschen Markt herausragendes Beispiel für ein solches eigenständiges Tablet-Format ist *RP Plus*, die digitale Sonntagszeitung der *Rheinischen Post* aus Düsseldorf (Abb. 4.6). Das Design und die Navigation der seit Januar 2011 erhältlichen App ist eigens für den Tablet-Rechner entwickelt worden. Neben multimedialen Zusatzelementen wie Bildergalerien, interaktiven Grafiken, Videos oder 360-Grad-Fotos zeichnet sich *RP Plus* vor allem auch durch eine einfache, Tablet-gerechte Navigation aus (s. Abschn. 4.3: Die Kunst der Touch-Navigation):

Ein weiteres gelungenes Beispiel für eine eigenständige Tablet-App ist die iPad-Ausgabe der *Frankfurter Rundschau*, die sich vor allem durch den geschickten Einsatz von Quer- und Hochformat auszeichnet, das sogenannte Libroid-Format. Hält der User das Tablet im Querformat, werden drei Spalten angezeigt: in der Mitte der Text, in der linken und rechten Spalte dazu passende Zusatzinformationen. Dreht der User das Tablet

Abb. 4.6 Ein Tablet-Format mit Vorbildcharakter (*Quelle* Tablet-Screenshot/März 2012)

ins Hochformat, verschwinden die beiden äußeren Spalten zugunsten eines ungestörten Lesens der Hauptspalte (s. Abschn. 4.3: Inhaltliche Navigation durch Gestaltung).

Allen App-Formaten dieses Typs ist gemein, dass sie ein abgeschlossenes Rezeptions-Erlebnis bieten. Denn theoretisch könnte eine Tablet-App wie eine Website hunderte Seiten enthalten. Aber gerade in dem beschränkten Raum für Inhalte und der Reduzierung auf das Wesentliche erscheint der Mehrwert guter Tablet-Apps zu liegen. Ähnlich wie es Leser von gedruckten Zeitungen oder Zeitschriften kennen, haben eigentlich alle Tablet-Apps bekannter Printmarken einen klaren Anfang und ein klares Ende.

Eine Beschränkung auf eine bestimmte Seitenanzahl ist aber auch noch aus einem anderen Grund für Tablet-Apps sinnvoll: Die Dateigröße einer App-Ausgabe würde schnell so stark anwachsen, dass es je nach Internetverbindung für die Nutzer unvertretbar lange dauern würde, diese herunterzuladen. Bei monatlich erscheinenden Magazin-Apps wie *Wired*[4] oder auch der äußerst hochwertigen

---

[4] Siehe dazu das Wired Magazine im App Store von Apple. Kurz-URL: http://bit.ly/W42zLV.

Spezial-App von *Geo* zu New York[5] wird eine längere Ladezeit vielleicht noch akzeptiert. Täglich erscheinende Ausgaben einer Zeitungs-App verlieren bei zu langen Ladezeiten aber schnell ihre Nutzer.

Weitere Beispiele für eigenständige Tablet-Formate sind Apps wie *The Iconist*, *Wired* oder *The Daily*, die allesamt vollständig mit der bestehenden Print-Denkweise brechen und auf Analogien zum Papiermedium verzichten. Stattdessen bieten sie dem Nutzer ein exploratives Lese- und Erzählerlebnis, interaktiv vernetzte Inhalte und eine fließende Navigation. Kircher (2011) vergleicht eine gut gemachte Tablet-App mit einem Abenteuerspielplatz, auf dem sich der Benutzer frei bewegen kann:

> *Es gibt zwar einen Einstiegspunkt, aber kein Ende. Die Bewegung durch den Content erfolgt nicht linear von vorne nach hinten, sondern explorativ- spielerisch. Durch Fingerbewegungen fährt der User fließend durch die App, kann sich sowohl in der Ebene als auch in die Tiefe bewegen. Videos werden eingeblendet, Hintergründe sind animiert, alles wirkt lebendig, plastisch, erfühlbar.*
>
> (Lukas Kircher, 2011)

4.5.6   Social Media-Formate

Browser-Lesezeichen für die wichtigsten Nachrichtenseiten und Weblogs, dazu die Informationen aus RSS-Feeds, Newslettern, Twitter, Facebook und und und – bei der unüberschaubaren Flut an digitalen Informationen kann man im Internet schnell mal den Überblick verlieren. Manch ein Nutzer wird sich schon gefragt haben: Wie soll man das nur alles unter einen Hut kriegen?

Die Antwort darauf könnten sogenannte Nachrichten-Aggregatoren sein wie zum Beispiel Flipboard – eine kostenlose Social-Media-App für Tablets und Smartphones, von der auch Tablet-Redakteur Luef (2012) begeistert ist: „eine sehr schlaue Idee, weil es viele Dinge vereint, die man einfach nicht mehr einzeln aufrufen muss". Gemeint ist damit, dass Flipboard aus den verschiedenen Info-Kanälen des Nutzers automatisch ein digitales Magazin zum Blättern erstellt – noch dazu in einem optisch ansprechenden und übersichtlichen Design. Die Inhalte stammen dabei nicht nur aus den voreingestellten Nachrichtenportalen, sondern können auch durch Quellen wie Facebook, Twitter, Instagram oder gewünschte RSS-Feeds ergänzt werden. Der Nutzer kann sich mit Hilfe dieses App-Formats gewissermaßen sein eigenes, maßgeschneidertes Magazin zusammenstellen (Abb. 4.7).

---

[5] Siehe dazu die App-Ausgabe Geo Special New York im App Store. Kurz-URL: http://bit.ly/TscFrU.

Abb. 4.7 Die Tablet-App Flipboard (*Quelle* Screenshot)

4.5.7   Tablet-optimierte Webseiten

Die spezielle Gesten-Navigation auf Tablets (s. Abschn. 4.3: Technische Navigation durch Gesten) mag zwar einfach und intuitiv sein, aber das Layout der meisten Webseiten ist für die Navigation mit einer elektronischen Maus konzipiert, nicht für die Navigation mit den Händen. Das zeigt sich beispielsweise an den zahlreichen Linktexten, deren Schriftgröße für das Antippen per Finger oft sehr klein ausfällt. Auf oft noch kleinteiliger strukturierten Webseiten US-amerikanischer Medien (beispielsweise die der *New York Times*) zeigt sich dieses Problem noch gravierender als auf deutschen Nachrichtenseiten.[6] Außerdem sind normale Webseiten nicht dazu ausgelegt, dass man auf ihnen die Tablet-typische Wischbewegung ausführen kann, um beispielsweise durch eine Bildergalerie zu navigieren.

---

[6] Siehe dazu die Website der New York Times. URL: http://www.nytimes.com.

Deshalb hat man sich bei *Zeit Online* dazu entschieden, eine für Tablets optimierte Seite zu entwickeln, die sich automatisch öffnet, wenn die Zeit-Homepage mit einem Tablet-Computer angesteuert wird. Der Inhalt – und vor allem die Gewichtung der Nachrichten – bleibt jedoch weiterhin gleich, wenn auch in leicht reduzierter Form. Die Tablet-optimierte Seite erscheint insgesamt luftiger, die Bilder, die Schriftzeichen und insbesondere die Linkflächen fallen größer aus, „damit man die Chance hat mit dem Finger darauf zu kommen", so Multimedia-Chef Fabian Mohr (2012). In dieser Hinsicht, glaubt Mohr, wird die Erfolgsgeschichte des iPads auch ein Stückweit den Journalismus verändern: nicht neu definieren, aber eben die Art und Weise verändern, wie digitale Inhalte gestalterisch aufbereitet werden.

Ebenfalls hier erwähnt sei das multimediale Tablet-Magazin *Aside*, das komplett auf der Programmiersprache HTML5 basiert.[7] Dieses von zwei Berliner Designern entwickelte Magazin wird nicht wie sogenannte native Apps auf das Endgerät heruntergeladen, sondern umgeht den App-Store von Apple und kann direkt im Browser gestartet werden. Die technische Navigation durch die Web-App unterscheidet sich jedoch kaum: Auch hier kann sich der Nutzer mit dem Finger durch die Artikel wischen, auch hier dreht sich die Darstellung, wenn der Nutzer das Tablet-Gerät dreht. *Aside* stellt die erste Web-App für das iPad dar, die in Deutschland mit HTML5 entwickelt wurde.

CHECKLISTE 8: Tablet-Formate

✓ **Formate im Printstil** unterscheiden sich inhaltlich und in der Gestaltung kaum bis gar nicht von der Printausgabe. Sie sind die simpelste Tablet-Variante und nicht viel mehr als eine digitale Kopie des Printprodukts.

✓ **Webähnliche Formate** orientieren sich am altbekannten Layout einer Website bzw. generieren den Großteil ihrer Inhalte aus dieser. Hier stellt sich die Frage: Was ist der Mehrwert gegenüber dem Online-Angebot, um zahlende Nutzer zu gewinnen?

✓ **Rundfunk-Formate** generieren ihre Inhalte größtenteils automatisch aus den Online-Seiten von TV- oder Radiosendern. Das Layout ist dabei an das Tablet-Format angepasst.

---

[7] Siehe dazu die Website des Magazins Aside. URL: http://asidemag.com.

✓ **Erweiterte Formate** bieten einen überzeugenden Mehrwert gegenüber dem klassischen Print- oder Webprodukt, indem sie das Mutterprodukt multimedial anreichern – beispielsweise durch Videos, Animationen oder interaktive Grafiken. Aber sie bilden noch kein eigenständiges Tablet-Format.

✓ **Eigenständige Formate** bilden die fortschrittlichste Gruppe unter den Tablet-Formaten, weil sie die multimedialen Möglichkeiten der neuen Geräteklasse weitergehend nutzen und zu einem neuartigen Informations-Erlebnis für den Nutzer machen. Sie zeigen kaum mehr Analogien zu klassischen Printprodukten.

✓ **Social Media-Formate** stellen eine Sonderform unter den Tablet-Formaten dar, indem sie Inhalte aus dem Social Web in neuartiger, ansprechender Weise für den Tablet-Nutzer visualisieren.

✓ **Tablet-optimierte Seiten** sind keine gerätespezifischen Apps, sondern stellen lediglich eine für Tablets optimierte Ausspielung von Websites dar (weniger Text, größere Schrift etc.).

Let's play: Journalismus als Spiel

5

> *Komisch, dass man das Spiele-Genre gerne belächelt, ignoriert*
> *und bis jetzt nur sehr wenige darauf gekommen sind, Games*
> *und Journalismus sinnvoll zusammenzudenken.*
> (Marcus Bösch, 2012)

Zusammenfassung

Ein Blick über den Tellerrand hat noch nie geschadet. Trotzdem wird er in vielen Medienhäusern offenbar nur zaghaft gewagt. Dabei bietet neben der Buch- oder Musikbranche gerade auch die Welt der Computerspiele spannende Denkanstöße, die auch für den Journalismus von Wert sein können. Im fünften Kapitel wird deshalb ein interdisziplinärer Zusammenhang zwischen interaktivem Storytelling als Lernmethode, Erkenntnissen aus der Computerspiel-Forschung und journalistischem Storytelling hergestellt.

Während er älteren, erwachsenen Generationen oftmals noch immer etwas fremd und mystisch vorkommt, wachsen Jugendliche heute wie selbstverständlich mit dem Computer auf. Als sogenannte „Digital Natives" werden nachkommende Generationen – zumindest in den Industrieländern – in eine zunehmend digital erschlossene Welt hineingeboren, deren Begriffe sie wie eine Muttersprache erlernen. Der erste Kontakt kommt dabei oft über Computerspiele zustande, die in den vergangenen Jahren eine neue kulturelle Akzeptanz gefunden haben.

Mittlerweile wird längst nicht mehr nur auf stationären Computern oder Konsolen gespielt, sondern auch auf mobilen Geräten wie Smartphones oder Tablets. Doch auf welcher Plattform auch gespielt wird: Computerspiele können mehr als nur unterhalten und Spaß machen. Sie können nicht nur in der Schule, in der Erwachsenenbildung und in Museen didaktisch sinnvoll eingesetzt werden,

S. Sturm, *Digitales Storytelling*, DOI: 10.1007/978-3-658-02013-2_5,
© Springer Fachmedien Wiesbaden 2013

sondern auch im Journalismus eine wertvolle Ergänzung zu den altbekannten Darstellungsformen bieten. In vielen Medienhäusern, so der Multimedia-
Journalist Marcus Bösch (2012), sei es jedoch lange Zeit verpasst worden über
den Tellerrand zu schauen, sich aus anderen, teilweise angrenzenden Bereichen
inspirieren zu lassen. Dabei läge es doch eigentlich auf der Hand, eine mit
Computer- und Videospielen aufgewachsene Generation genau dort abzuholen,
wo sie sich gerne und teilweise mehrstündlich am Tag aufhalten.

Computerspiele üben oft deshalb eine solch große Faszination auf ihre
Nutzer aus, weil ihre Entwickler sich den Mitteln von digitalem Storytelling
bedienen. Wie bereits im zweiten Kapitel beschrieben, ist nach wie vor eine
gute, dramaturgisch klug erzählte Geschichte die beste Grundlage für die nachhaltige Vermittlung von Informationen. Noch wirksamer kann die Vermittlung
gelingen, wenn Medienmacher sich trauen, auch ernste Informationen einmal spielerisch umzusetzen und wenn sie sich an die Synthese aus Geschichten
und Spielen wagen. Spierling (2006) geht sogar noch weiter und stellt die These
auf, dass gerade besonders „komplexe Inhalte mit einem signifikanten Anteil
an Systemwissen im Vergleich zum Faktenwissen" durch Spiele besser vermittelt werden „als durch andere, rein rezeptive Medien, wie auch der Bereich der
Planspiele und Simulationen zeigt".

Doch warum gibt es dann bisher nur so wenige Versuche von Journalisten,
ein Thema mal spielerisch anzugehen? Warum werden bewährte Methoden aus
der Spiele-Branche nicht auch mal im Journalismus ausprobiert? Es wäre, wie
im Folgenden erläutert werden soll, ein lohnenswerter Versuch, der den digitalen Qualitätsjournalismus sinnvoll ergänzen und weiter voranbringen könnte.
Deshalb soll nun ein kurzer Blick auf die Welt der Computerspiele und deren
Erforschung geworfen werden.

5.1   Der Game-Faktor

Die wissenschaftliche Erforschung digitaler Spielewelten (Digital Games Research)
drehte sich als ein relativ junges Feld in den Kultur- und Sozialwissenschaften bisher vorrangig um negative Dimensionen von „Games": beispielsweise dem
Aggressionspotential von sogenannten Ego-Shootern[1] oder der Suchtgefahr von

---

[1] Das Wort setzt sich aus den Wörtern ego (lat. ego = ich) und shooter (engl. shooter =
Schütze) zusammen. Es bezeichnet eine bestimmte Kategorie von Computerspielen, bei
denen die virtuelle Spielewelt aus der Sicht der Spielfigur dargestellt wird. Meistens kämpft
diese mit einer oder mehreren Schusswaffen gegen andere Spielfiguren oder Gegner.

Strategie-Spielen. Die positiven Potentiale digitaler Spielewelten wurden lange Zeit kaum beleuchtet.[2]

Mit der wachsenden Popularität von Spielen wie Grand Theft Auto, FIFA oder dem Online-Rollenspiel World of Warcraft werden aber in neueren Untersuchungen auch vermehrt positive Effekte von Computerspielen hervorgehoben, beispielsweise die Erweiterung sozialer Kontakte. Das Institut für Medienpädagogik in Forschung und Praxis (JFF) in München attestierte Computerspielen bereits 2004 positive Wirkungen auf die kognitive und emotionale Kompetenz sowie die Sensomotorik. Befürworter des Mediums sehen Computerspiele bereits als neuen Kulturträger, der sich positiv auf Konzentration, motorische Kontrolle und räumlich-abstraktes Denken auswirkt. Die „Unwissenheit und Skepsis gegenüber dem, was Heranwachsende mit Computerspielen tun," verstelle vielen jedoch den Blick auf die Lernpotentiale des Mediums, meint dazu der Medienpädagoge Hartmut Warkus (zit. n. Stöckl 2007, S. 6). Das beste Mittel gegen mögliche Negativwirkungen von Spielen sei seiner Meinung nach vor allem eines: mehr Medienkompetenz bei Eltern, Lehrern und Jugendlichen.

Doch selbst wenn Computerspiele positive Effekte auf die Persönlichkeit der Nutzer haben können, stellt sich die Frage, inwieweit sie abseits von Spaß und Unterhaltung auch Informationen und Wissen vermitteln können, worin der Mehrwert gegenüber klassischen journalistischen Darstellungsformen liegt. Hinweise darauf eröffnet der Blick auf ein Forschungsfeld, das unter dem Begriff „Interactive Digital Storytelling" oder kürzer „Digital Storytelling" zusammengefasst wird.

5.2   Digitales Storytelling als Lernmethode

Wie Bösch (2012) in einem seiner Blogeinträge schreibt, wirken viele der journalistischen „Versuche Interaktivität in multimediale journalistische Produkte zu packen" noch sehr „hölzern und holprig". Computer-, Video-, Konsolen- und Online-Spiele seien da bereits wesentlich weiter. Doch nicht nur in der Praxis, auch in der wissenschaftlichen Betrachtung wird der Begriff des „Digital Storytelling" bisher kaum mit Journalismus in Verbindung gebracht.

Ganz anders im Wissenschaftsbereich der Informatik. Hier begann schon in den frühen 1970er Jahren das Interesse an Narratologie – noch weit vor der Einführung der ersten Computer für den Massenmarkt. Die Forschungen damals

---

[2] Lese-Tipp: Siehe dazu bspw. Götzenbrucker 2009; Neys und Jansz 2010.

konzentrierten sich auf das zu der Zeit viel versprechende Gebiet der Künstlichen Intelligenz (KI). Wie Spierling (2006) schreibt, gab es zudem damals schon erste Bestrebungen von Filmemachern, „die lineare Filmdarbietung aufzubrechen und eine Publikums-Mitbestimmung zu erzielen" – ein Ziel, das heute allgemein mit dem Begriff der Interaktivität beschrieben wird.

Den Begriff des „Interactive Digital Storytelling" definiert Spierling (2006) als eine „methodische Spezialform des Game Design für die Erstellung zukünftiger elektronischer Wissensmedien". Daran orientiert und auf den Journalismus übertragen, soll „Digital Storytelling" hier als ein Baukasten verstanden werden, mit dessen Werkzeug sich journalistische Inhalte mediengerecht und dramaturgisch zugespitzt auf digitalen Plattformen aufbereiten lassen.

Denn die Spielarten des digitalen Erzählens werden mit jedem Tag vielfältiger und spannender. Mit den rapiden Entwicklungen in der Computertechnik haben sich ganz neue Möglichkeiten eröffnet, die in der Spiele-Industrie bereits vielfach angewendet und ständig weiterentwickelt werden – beispielsweise auf dem Feld der Echtzeit-Grafik, der digitalen Sprachverarbeitung oder der Künstlichen Intelligenz. Laut Spierling (2006) sind daraus bereits eine Reihe lernpädagogisch sinnvoller Computerspiele entstanden, die freiwillig gestartete Lernaktivitäten ermöglichen, ohne dem Nutzer dabei eine Vermittlung von Wissen aufzudrängen. Beispielhaft nennt Spierling digitale Plattformen für Rollenspiele und sogenannte Online-MUDs (Multi-User-Dungeons), „auf denen Spieler kreativ fiktive, aber dennoch kohärente soziale Welten aufbauen".

Während herkömmliche E-Learning-Plattformen meist nur die Bereitstellung und Sammlung von Lernmaterial anbieten und damit bloß die rein kognitiven Aspekte des Vermitteln und Erlernens von Faktenwissen, können Computerspiele auch emotionale und soziale Aspekte ansprechen. Spierling (2006) stellt die These auf, dass die Kombination aus narrativer Wissensvermittlung und konstruktivem Lernen durch Spielen letztendlich „zu einem verbesserten Angebot im Bereich der Wissensmedien beitragen" kann. Neben journalistischen Plattformen bieten sich im Prinzip auch sämtliche Einrichtungen der Wissensvermittlung dazu an, mit medialen Spielformen zu experimentieren – beispielsweise in Schulen, Universitäten oder Museen.

In Form von Videospielen ist „Digital Storytelling" mittlerweile sogar in den Bereich des humanitären und politischen Engagements vorgedrungen. So haben beispielsweise die Vereinten Nationen im Rahmen eines Aktionsprogramms gegen Hunger und Mangelernährung ein Onlinespiel namens „Food Force" entwickelt. Die Aufgabe des kostenlosen Lernspiels besteht darin, auf einer fiktiven Ferieninsel im Indischen Ozean tausende von Menschen zu ernähren. Dafür muss der Spieler sechs verschiedene Missionen lösen: von der Erstellung eines

Ernährungsprogramms, über den Versand von Nahrungsmitteln bis hin zum Wiederaufbau von Dörfern.[3]

5.3   Das Flow-Erleben

Ständig neue Inhalte und Herausforderungen inszenieren scheinbar unendliche, nie still stehende virtuelle Umgebungen, in die SpielerInnen jederzeit eintauchen können.

(Axel Kuhn, 2009)

Das obige Zitat beschreibt sehr treffend, warum mit der rasenden Verbreitung von Computern innerhalb weniger Jahre auch Millionen von Menschen die virtuelle Spielewelt für sich entdeckt haben – und nicht von ihr lassen können. Lässt sich diese Begeisterung, diese Faszination womöglich auch auf journalistische Produkte übertragen? Vermitteln nicht auch Journalisten ständig neue Inhalte und Herausforderungen in scheinbar unendlichen, nie still stehenden Umgebungen von Informationen, in die User jederzeit eintauchen können?

In diesem Zusammenhang lohnt es sich jedenfalls einen Blick auf ein Phänomen zu werfen, das Axel Kuhn (2009) mit dem Begriff „Flow-Erleben" beschreibt – ein bisher für den Journalismus nicht erläutertes, aber durchaus spannendes Phänomen, das insbesondere bei der Analyse von Computerspielnutzung verwendet wird.[4] Kuhn (2009) beschreibt dieses als „die Einbindung von Computerspielern in interaktive Wahrnehmungsräume" und untersucht das Phänomen beispielhaft an dem weltweit beliebten Online-Rollenspiel World of Warcraft. Flow-Erleben entsteht demnach aus Tätigkeiten, durch die der Mensch einen positiven emotionalen Zustand erreicht, in dem ohne bewusstes Eingreifen einfach Handlung auf Handlung folgt – vergleichbar etwa mit der Ausübung einer Risikosportart, bei der man Umgebung und Zeit kaum mehr wahrnimmt.[5] Laut Kuhn (2009) ist dieses fließende Erleben in virtuellen Spielewelten durch folgende Kennzeichen geprägt:

- Verschmelzung von Handlung und Bewusstsein
- Das Individuum bleibt die steuernde Instanz der Tätigkeit

---

[3] Siehe dazu die offizielle Webseite des UN-Spiels. URL: http://bit.ly/AeiS5M.

[4] Lese-Tipp: Zu Ansätzen zwischen Medien- und Spieltheorie siehe weitergehend auch Fritz 2006; Fritz 2007; Fritz 2008; Klimmt 2004; Klimmt 2006 und Sherry 2004.

[5] Lese-Tipp: Siehe dazu bspw. Csikszentmihalyi und Mihaly 2000.

- Hoher Konzentrationsgrad auf ein einziges Stimulusfeld
- Die eigene Person wird während der Tätigkeit nicht mehr reflektiert
- Im Fokus ist nicht das Ziel, sondern das Erleben der Tätigkeit
- Das Zeitgefühl geht oftmals verloren
- Eindeutige, nicht der Interpretation bedürfende Handlungsanforderungen
- Gleichgewicht zwischen Anforderungen und eigenen Fähigkeiten

Besonders der letztgenannte Punkt, das Leistungsprinzip zwischen den eigenen Fähigkeiten auf der einen und den durch diese Fähigkeiten lösbaren Herausforderungen auf der anderen Seite, ist von besonderer Bedeutung für das Flow-Erleben. Denn sowohl Langeweile durch Unterforderung als auch Frustration durch Überforderung zerstören das notwendige Gleichgewicht. Regelmäßige Erfolgserlebnisse und damit erzeugte positive Emotionen hingegen unterstützen das Flow-Erleben.

Doch wie lässt sich dieser Effekt, der bei Computerspielern und Risikosportlern zu beobachten ist, nun für die journalistische Praxis nutzen? Kann ein journalistisches Produkt den Nutzer überhaupt so fesseln und „süchtig machen" wie ein Computerspiel, ohne dabei an Qualität und Glaubwürdigkeit zu verlieren? Mittlerweile gibt es in den Medien jedenfalls immer mehr Beispiele von Darstellungsformen, die einen spielerischen Zugang zu journalistischen Inhalten bieten – beispielsweise sogenannte Newsgames. Der Mehrwert solcher Formen für den Nutzer besteht darin, komplexe Sachverhalte und die dahinterstehende Systematik auf eine unterhaltende Art und Weise zu erfassen. Konkrete Umsetzungsmöglichkeiten spielerischer Formen werden an späterer Stelle im Rahmen der Typologie digitaler Darstellungsformen aufgeführt (→ siehe dazu Abschn. 7.2: Spielerische Formen).

CHECKLISTE 9: Newsgames

✓ Spielerische Formen im Journalismus können nicht nur unterhalten und Spaß machen, sondern eine wertvolle Ergänzung für das digitale Storytelling bilden.

✓ Gerade besonders komplexe, systemische Sachverhalte können in einem gut umgesetzten Newsgame (z. B. einem Planspiel oder einer Simulation) oft besser vermittelt werden als mit anderen Darstellungsformen.

✓ Newsgames zeichnen sich dabei vor allem durch ihre spielerische Vermittlung von Wissen und ihre Interaktivität aus.

✓ Auch soziale und emotionale Aspekte können mit einem Newsgame angesprochen werden und damit beim Nutzer in besserer Erinnerung bleiben als durch reine Informationen.

✓ Eine besondere Rolle spielt dabei das sogenannte Flow-Erleben, das den Nutzer in einen positiven emotionalen Zustand bringt, in dem er in seinem Handeln gewissermaßen versinkt.

✓ Ein Nachteil spielerischer Formen ist, dass sie je nach Umfang recht aufwändig zu produzieren sind und der Nutzer oftmals viel Zeit aufbringen muss, damit sich die Simulationsidee überhaupt entfaltet.

Journalistische Formate im Wandel

6

Es liegt in der Natur der Sache, dass sich Schemata permanent wandeln und innovativ vermischt oder neu entwickelt werden, um dem Wandel der Nutzungsgewohnheiten sowie der ökonomischen und technischen Rahmenbedingungen gerecht zu werden.

(Klaus Meier, 2007)

Zusammenfassung

Im sechsten Kapitel wird beschrieben, dass mit einem Wandel der Medien auch immer ein Wandel der Darstellungsformen verbunden ist. Zudem wird geklärt, warum diese schon aus berufspraktischen Gründen überhaupt definiert werden sollten. Dabei werden auch die typischen Merkmale von Darstellungsformen auf digitalen Plattformen herausgearbeitet.

In den ersten Jahren seiner Entstehung war der Onlinejournalismus nicht viel mehr als eine Fortsetzung des altbekannten Printjournalismus – nur eben auf einer anderen technischen Plattform. Bösch (2012) bezeichnet diese anfängliche Haltung in vielen Medienhäusern als eine „Sackgassen-Mentalität", die dazu geführt habe, dass wenig Experimentierfreude herrschte und in den neuen Medien zu Beginn bloß die alten Medien mit ihren klassischen Formaten gespiegelt wurden. Die klassischen Darstellungsformen aus Zeitungen und Zeitschriften wurden mehr oder weniger auf Webseiten übertragen. Das Medium Text blieb zunächst das vorherrschende Element.

Mit der zunehmenden Verschmelzung von Textbausteinen mit Foto, Video, Audio und Grafik, dem Boom des Social Webs sowie der zunehmenden Verbreitung digitaler, mobiler Endgeräte wandeln sich jedoch die klassischen Formate des Journalismus. Teilweise entstehen ganz neue Formen, die in keine der bisherigen

S. Sturm, *Digitales Storytelling*, DOI: 10.1007/978-3-658-02013-2_6,
© Springer Fachmedien Wiesbaden 2013

Definitionen von Darstellungsformen hineinpassen – beispielsweise die Audio-Slideshow (s. Abschn. 7.1: Foto-Formen). Wie Simons (2011) treffend schreibt, müssen eben anscheinend „immer erst ein paar Jahre vergehen, bis ein neues Medium seine eigenen Möglichkeiten entdeckt und nutzt".

Mit dem digitalen Umbruch in der Medienbranche wandeln sich auch altbewährte journalistische Darstellungsformen. Viele der Formen, die über Jahrzehnte „in unzähligen Lehrbüchern als statisch und quasi naturgegeben dekliniert wurden" (Simons 2011, S. 179), geraten plötzlich in den Strudel neuer technischer Entwicklungen, die auch ein verändertes Nutzungsverhalten mit sich bringen. Journalistische Inhalte finden ganz neue Formen der Verpackung (beispielsweise auf Tablet-Computern) und der Verbreitung (beispielsweise über Twitter oder Facebook). Auch wenn die Grundformen journalistischen Handwerks erhalten bleiben (s. Kap. 2: Es zählt die gute Story), müssen die alten Definitionen von Darstellungsformen angepasst, neu sortiert und durch einige neue Formen ergänzt werden.

Doch bei aller Freude an innovativen Ideen und dem praktischen Experimentieren sollte eines nicht aus dem Blick geraten: die Sicht der Nutzer und der tatsächliche Mehrwert neuer Darstellungsformen. Denn wie der Journalist und Blogger Steffen Leidel (2010) schreibt, befindet sich das digitale Storytelling derzeit in einer Phase, „in der wir lernen und uns ehrlich fragen müssen, was funktioniert, was beim Nutzer ankommt und was vielleicht nur uns Journalisten selbst gefällt".

6.1   Darstellungsformen zwischen Theorie und Praxis

Der aus der Textlinguistik stammende Begriff der Darstellungsform ist sowohl in der Praxis als auch in der Wissenschaft nicht einheitlich definiert und wurde bisher überwiegend auf textliche Formen bezogen. Je nach Autor werden journalistische Darstellungsformen in der Fachliteratur auch „Genres", „Gattungen" oder „Formate" genannt. In einer ersten systematischen Zusammenfassung definierte Eckart Klaus Roloff 1982 – also noch vor Beginn des digitalen Journalismus – 19 verschiedene Textgattungen, die er in referierende, interpretierende und kommentierende Gattungen einteilte.

Bis heute ist die Unterscheidung in zwei oder drei Grundformen der journalistischen Fachliteratur gängig. Walther von La Roche (2008) teilt beispielsweise in informierende (Nachricht, Bericht, Reportage, Feature, Interview und Umfrage, Korrespondentenbericht, analysierender Beitrag) und meinungsäußernde Darstellungsformen (Kommentar, Glosse, Rezension) ein. Siegfried Weischenberg (2001) wiederum klassifiziert in drei Typen von Darstellungsformen: Nachrichtendarstellungsformen (Meldung und Bericht), Meinungsdarstellungsformen (Kommentar, Glosse) und Unterhaltungsdarstellungsformen (Reportage und Feature).

An dieser Stelle soll jedoch nicht weiter auf die klassischen Definitionen und Beschreibungen journalistischer Darstellungsformen eingegangen werden, da diese überholt und nicht mehr zeitgemäß sind, wenn man sie auf den digitalen Journalismus des 21. Jahrhunderts übertragen wollte. Für multimediale Formen des Journalismus gibt es bislang nur vereinzelt Definitionen,[1] eine umfassende Typologie wurde noch nicht aufgestellt. Deshalb soll im siebten Kapitel dieses Buches eine Typologie jener Formen entworfen werden, die über die klassischen Text-, Radio- und Fernseh-Formate hinaus digitales Storytelling ermöglichen – wobei auch diese Zusammenstellung nur eine Momentaufnahme der aktuellen Entwicklung und keinesfalls vollständig sein kann.

Zuvor jedoch sollte geklärt werden, warum es überhaupt sinnvoll und nötig ist, in verschiedene Darstellungsformen zu unterteilen und welche charakteristischen Merkmale diese im digitalen Journalismus haben.

6.2   Wozu überhaupt in Darstellungsformen unterteilen?

Das crossmediale Zusammenwachsen der früher strikt voneinander getrennten Medien wirkt sich auch auf die journalistischen Darstellungsformen aus. Nicht nur die Grenzen zwischen Produzenten und Rezipienten verwischen, sondern auch die Grenzen zwischen einzelnen Medienarten und Beiträgen. So können beispielsweise innerhalb einer Tablet-App in einen hintergründigen Text-Beitrag zur Wahl des neuen Bundespräsidenten einzelne O-Ton-Statements als Audios eingebaut, ein Video-Livestream oder eine Bildergalerie verlinkt werden, darunter der Twitter-Kanal, über den in Echtzeit aus dem Reichstagsgebäude berichtet wird, daneben Video-Portraits der aufgestellten Kandidaten. Welche Gültigkeit kann da eine Kategorisierung von Darstellungsformen für den praktischen Journalistenalltag überhaupt noch haben? Ist eine Unterteilung und abgrenzende Definition von Darstellungsformen überhaupt noch sinnvoll und zeitgemäß?

Die kurze Antwort lautet: Ja. Die erläuternde Antwort: Ohne Routinen und ohne standardisierte Schemata könnte die journalistische Produktion in den Redaktionen wohl nicht arbeitsteilig und der heutigen Nachrichtenwelt angemessen schnell organisiert werden. Laut Meier (2007) sind Darstellungsformen „wesentliche Merkmale der journalistischen Wirklichkeitskonstruktion", die sich „im Laufe der Geschichte des Journalismus in den jeweiligen Mediensystemen entwickelt" haben.

---

[1] Lese-Tipp: Siehe dazu bspw. Meier (2002); Burkhardt (2009); Heijnk (2011); Matzen (2011); Jakubetz et al. (2011).

Ähnlich wie es bei Ärzten bestimmte Fachausdrücke gibt, um die Verständigung mit dem medizinischen Personal möglichst prägnant und kurz zu halten, dienen Darstellungsformen im Journalismus dazu, die Umsetzung von Themen zu vereinfachen und zu beschleunigen. Zudem werden – ähnlich wie Journalisten in der Ausbildung und den ersten Berufsjahren – auch die Mediennutzer mit bestimmten Schemata sozialisiert und lernen bestenfalls bereits im Elternhaus und in der Schule aus der Flut an Informationen sinnvoll und nutzbringend auszuwählen. Ohne gemeinhin bekannte Routinen in der journalistischen Darstellung wäre die Produktion und Rezeption von Medien ungleich schwieriger.

Angehende Journalisten müssen jedoch heute damit leben, dass ihre Handwerksregeln einem permanenten Wandel unterworfen sind. Die alten Grenzen zwischen den Medienformen gibt es nicht mehr. Auf Tablet-Computern wie dem iPad kann der Nutzer Texte lesen, Fotos und Videos anschauen, Audios hören – und all das nicht nach einem vorgegebenen Nutzungsverhalten wie beim linearen Fernsehen oder Radio, sondern interaktiv nach seinen persönlichen Vorlieben. Wenn er möchte, kann er journalistischen Produkten auch ganz den Rücken kehren und sich ausschließlich Youtube-Videos, Chats, Filmen, Musik oder Spielen widmen. In der digitalen Welt konkurrieren journalistische Produkte noch mehr als früher um ein knappes Gut: die Aufmerksamkeit der Nutzer.

6.3 Merkmale digitaler Darstellungsformen

Um die klassischen Definitionen von Darstellungsformen von den neuen Formen journalistischen Storytellings auf digitalen Plattformen abgrenzen zu können, sollen im Folgenden zunächst die Merkmale digitaler Darstellungsformen beschrieben werden. Dabei wird sich an dem Ansatz von Journalistik-Professor Peter Schumacher (2009) orientiert, der Multimodalität, Hypertextualität und thematische Geschlossenheit als wesentliche Merkmale digitaler, multimodaler Darstellungsformen beschreibt.

- **Merkmal 1: Multimodalität**
  Statt des etwas unscharfen Begriffs „Multimedia" (s. Kap. 3: Grundlagen multimedialen Erzählens), verwendet Schumacher den Begriff Multimodalität. Gemeint ist damit, dass Inhalte portioniert und in verschiedenen Modulen aufbereitet werden, um über einen oder mehrere technische Kanäle verbreitet zu werden. Dabei werden laut Schumacher mindestens zwei der Komponenten Schrift, Bild (statisch oder bewegt), Grafik und Audio integriert. Im Unterschied dazu sollen in der im nächsten Kapitel folgenden Typologie jedoch auch Formen

aufgenommen werden, die nur aus einer Komponente bestehen, aber trotzdem im digitalen Journalismus gebräuchlich sind, wie beispielsweise Audio-Podcasts oder bestimmte Foto-Formen.

Da mit der obigen Merkmalsbeschreibung auch Darstellungsformen in klassischen Printmedien oder im Fernsehen als multimodal bezeichnet werden könnten, sind die folgenden beiden Merkmale elementar für die weitere Begriffsbestimmung.

- **Merkmal 2: Hypertextualität**
  Ein zentrales Merkmal für digitale Darstellungsformen ist ihre Hypertextualität und ihr damit verbundenes Potenzial zur Interaktivität (s. die Grundlagen in Abschn. 3.1: Hypertext und modulares Erzählen). Die Nutzer können sich per Computermaus oder Touchscreen aktiv, individuell und non-linear durch die verschiedenen Module bewegen. Sie „selektieren Links aufgrund von Fortsetzungserwartungen und schaffen so ihre eigenen Nutzungspfade" (Schumacher 2009, S. 21).

- **Merkmal 3: Thematische Geschlossenheit**
  Das dritte von Schumacher aufgeführte Merkmal für digitale Darstellungsformen ist die Bündelung unterschiedlicher Medienformen zu einem thematischen Cluster. Die thematische Geschlossenheit wird dem Nutzer dabei meist durch ein Rahmen gebendes Layout verdeutlicht, das auch Links zu thematisch passenden und weiterführenden Inhalten des Medienangebots zulässt. Es sollte jedoch jederzeit für den Nutzer ersichtlich sein, welche Teilangebote enger und welche weniger eng zum gebündelten Thema gehören. Eine einheitliche oder zumindest eindeutige Navigation sollte zudem immer auch einen einfachen Rückweg von der digitalen Darstellungsform zurück zum Gesamtangebot ermöglichen.

  Im Folgenden soll nun eine Typologie digitaler Darstellungsformen aufgestellt werden, die zwar auf den klassischen Formen aufbaut, aber vor allem auf die neuen Chancen der journalistischen Darstellung zielt, die bisher in der Fachliteratur nur vereinzelt und ansatzweise beschrieben wurden.

Typologie digitaler Darstellungsformen

7

Digitale Angebote, die sich am Vorbild Papier orientieren, wird es immer geben. Doch spannend wird es dort, wo Verlagshäuser beginnen, außerhalb ihrer bekannten und vertrauten Bahnen zu operieren.

(Christian Meier, 2011)

Zusammenfassung

Im siebten Kapitel wird eine neuartige Typologie digitaler Darstellungsformen entworfen. Dabei wird der Versuch unternommen, grundlegend zwischen mediumorientierten und funktionsorientierten Darstellungsformen zu unterschieden, die sich dann wiederum in einzelne Untergruppen gliedern. In nicht wenigen Fällen ist eine exakte Abgrenzung der Formen jedoch kaum machbar, da insbesondere auf digitalen Plattformen die Grenzen zwischen Medienarten und -formen verschwimmen. Wer die Möglichkeiten digitalen Storytellings entdecken und anwenden möchte, muss sich auf eine permanente Betaphase einstellen.

In der journalistischen Fachliteratur wurden bisher – wenn überhaupt – die neu entstehenden digitalen Darstellungsformen meist im Vergleich zu Darstellungsformen in klassischen Medien beschrieben. Wie Schumacher (2009) kritisiert, bleiben dabei viele der Typologien ungenau, weil mehrere Ebenen vermischt werden. Mal sei eine journalistische Darstellungsform wie zum Beispiel die Web-Reportage gemeint, mal die technische Umsetzung wie beispielsweise eine Flash-Grafik. Manchmal werde auch ein ganzes Themenpaket wie zum Beispiel ein Multimedia-Special als eine neuartige Darstellungsform beschrieben. Zur Lösung dieses Abgrenzungsproblems unterscheidet er in zwei übergeordnete Ebenen: Die eine Ebene basiert aus einer handlungsorientierten Perspektive heraus auf den journalistischen Funktionen eines Beitrags, die andere auf den verwendeten kommunikativen Mitteln. Daran

S. Sturm, *Digitales Storytelling*, DOI: 10.1007/978-3-658-02013-2_7,
© Springer Fachmedien Wiesbaden 2013

anknüpfend unterteilt Schumacher (2009) zur weiteren Klassifizierung in „multimodale Darstellungsweisen" und „interaktive Darstellungsweisen".Dieser Ansatz ist jedoch äußerst theoretischer, systemischer Natur und reicht nicht aus, um die vielfältigen digitalen Darstellungsformen in der Praxis zu benennen. Deshalb soll hier ein praxisnäherer Ansatz verfolgt werden, nach dem in zwei Hauptgruppen digitaler Darstellungsformen unterschieden wird, die jeweils weitergehend untergliedert werden. Die eine Gruppe orientiert sich an dem vorherrschenden Medium (Schrifttext, Foto, Audio, Video oder Grafik) der Darstellungsform, die andere an der vorherrschenden Funktion (Hypertext, Kommunikation, Echtzeit, Spielen oder Aggregieren/Kuratieren). Die folgende Tabelle gibt einen Überblick über die in dieser Typologie vollzogene Unterteilung digitaler Darstellungsformen in zwei grundlegende Hauptgruppen (Tab. 7.1):

Doch auch diese Unterteilung kann nur eine momentane Annäherung an eine umfassende Typologie sein, da die Entwicklung von Darstellungsformen äußerst dynamisch und längst nicht am Ende ist. In der journalistischen Praxis entstehen immer wieder neue digitale Darstellungsformen, die sich kaum in klar abgrenzbare, zeitlose Schubladen sortieren lassen. Eine einheitliche Definition digitaler Darstellungsformen „wird vermutlich Zeit brauchen und sich – nicht anders als im Printjournalismus – erst im Zeitverlauf herauskristallisieren" (Heijnk 2011, S. 263).

Neben den digital-spezifischen Darstellungsformen ist die altbekannte, professionelle Unterscheidung in Meinungs- und Tatsachenberichterstattung auch für das digitale Storytelling gültig. Gerade aufgrund der starken Modulierung von Themen und dem Vermischen verschiedener Medienarten sollte dem Nutzer immer deutlich gemacht werden, wann es sich um einen faktenbasierten Bericht und wann um Meinung handelt.

Klar von den eigenständigen Darstellungsformen (bspw. der Audio-Slideshow) zu unterscheiden ist auch die technische Umsetzung (bspw. in Form einer Flash-Grafik) und die Übertragung journalistischer Inhalte (z. B. durch einen Podcast). Diese werden an entsprechenden Stellen zwar auch erwähnt, sollen aber nicht explizit in der Typologie aufgeführt werden, da es sich eben nicht um inhaltlich

Tab. 7.1 Grundlegende Unterteilung digitaler Darstellungsformen

Mediumorientierte Darstellungsformen (Abschn. 7.1)	*Funktionsorientierte Darstellungsformen (Abschn. 7.2)*
Schrifttext-Formen	Hypertext-Formen
Foto-Formen	Kommunikative Formen
Audio-Formen	Echtzeit-Formen
Video-Formen	Spielerische Formen
Grafische Formen	Aggregative/kurative Formen

eigenständige Darstellungsformen handelt. Eine Ausnahme stellt der Audio-bzw. Videostream dar, der zwar ebenfalls eine Übertragungsart ist, zugleich aber auch eine Darstellungsform sein kann, wenn beispielsweise Live-Bilder aus einer Bundestagsdebatte in einen Web-Artikel eingebunden werden. Die Grenzen zwischen Übertragungsart und Darstellungsform sind hier fließend.

7.1   Mediumorientierte Formen

Zur Gruppe der mediumorientierten Darstellungsformen werden all jene digitalen Darstellungsformen gezählt, die ein klar vorherrschendes Hauptmedium aufweisen, also beispielsweise vornehmlich Text, Videomaterial oder überwiegend grafische Elemente enthalten. Ihre Einsatzmöglichkeiten hängen – abgesehen vom Thema und den redaktionell zur Verfügung stehenden Mitteln – vor allem von den Stäken und Schwächen des jeweiligen Mediums ab (s. Abschn. 3.5: Welche Story für welchen Kanal?). Die folgende Tabelle gibt einen Überblick über sämtliche in dieser Typologie erfassten mediumorientierten Darstellungsformen (Tab. 7.2):

Tab. 7.2 Mediumorientierte Darstellungsformen im Überblick

Schrifttext-Formen	Foto-Formen	Audio-Formen	Video-Formen	Grafische Formen
Artikeltext	Digitales Foto	Audio-Clip	Video-Clip	Infografik
Teaser	Bildergalerie/ Slideshow	Audio-Stream	Videoblog	Animation
Frage-Antwort-Text	Audio-Slideshow	Vertonter Artikeltext	Making of-Video	Interaktive Live-Karte
Mikroblog	Vuvox-Collage	Audio-Slideshow	Teaser-Video/ Intro-Video	Daten-Mashup
Eilmeldung	360-Grad-Panorama/ 3D-Foto		Video-Stream	
Nachrichten-Ticker	Gigapan		360-Grad-Video/3D-Video	
Kurztextgalerie	Infinity-Foto		Zeitraffer-Video	
	Banner-Foto		Multimedia-Reportage (Webspecial)	
	Zeitraffer-Foto			

7.1.1   Schrifttext-Formen

Die klassischen journalistischen Text-Formen unterscheiden sich auch im digitalen Journalismus nicht grundsätzlich von jenen in Printmedien – abgesehen von den Besonderheiten von Hypertext und modularem Erzählen (s. Abschn. 3.1). Auf den Webseiten der meisten Medienhäuser und auch bei vielen Tablet-Apps ist der Schrifttext nach wie vor die taktgebende Medienform für redaktionelle Inhalte. Schnelle Übertragbarkeit und eine schnelle Orientierung sind in der digitalen Welt die wesentlichen Vorteile von Text gegenüber anderen Medienformen (s. Abschn. 3.5: Text – die Qualität des Lesens). Zudem sind Schrifttext-Formen unter ökonomischen Gesichtspunkten am effizientesten, da sie verhältnismäßig schnell und kostengünstig produziert werden können, während andere Formen oftmals technisch, personell und zeitlich aufwändiger und dadurch für die Medienhäuser teurer sind. Auch dies könnte ein Grund dafür sein, dass die Entwicklung neuer innovativer Darstellungsformen vielerorts eher schleppend verläuft.

Aufgrund der Ähnlichkeiten zwischen analoger und digitaler Medienwelt soll hier nicht genauer auf sämtliche textbasierte Darstellungsformen eingegangen werden.[1] Ebenfalls nicht explizit aufgeführt werden hier gängige Verwendungsweisen von digitalem Text, um visuelle Elemente zu ergänzen: beispielsweise bei Bilderunterschriften, in Bildergalerien, bei Untertiteln von bewegten Bildern oder bei der Beschriftung grafischer Elemente. Näher betrachtet und einzeln aufgeführt werden lediglich die digitalspezifischen Schrifttext-Formen, die über die Rezeption von Buchstaben hinaus neue Möglichkeiten des digitalen Storytellings bieten.

Denn die meisten dieser neuen Formen zeichnen sich eben dadurch aus, dass sie mehr bieten als bloßen Text, nämlich sogenannten Hypertext (s. Abschn. 3.1: Hypertext und modulares Erzählen). Auf Hypertext-Formen wird in dieser Typologie jedoch erst innerhalb der Gruppe funktionsbasierter Darstellungsformen eingegangen (s. Abschn. 7.2).

Artikeltext

Auch in der digitalen Welt ist das Medium Text in vielen Fällen weiterhin das beste Mittel, um schnell und effektiv Informationen zu vermitteln. Doch viele Jahre lang galten Computerbildschirme als nicht wirklich geeignet, um längere Texte zu lesen. Die statische, unkomfortable Lesehaltung, die fehlende Haptik einer auf Papier gedruckten Zeitung oder Zeitschrift und eine schnellere

---

[1] Lese-Tipp: Siehe dazu weiterführend bspw. Mast 2008; La Roche 2008; Burkhardt 2009.

Augenermüdung durch die grobe Pixelauflösung sprachen lange Zeit eher gegen das digitale Lesen von Texten.

Mit der zunehmenden Verbreitung von Tablet-Rechnern (s. Kap. 4: Faszination Tablet-Computer) hat sich dies jedoch geändert. Gerade das iPad, so zeigen laut Journalistik-Professor Stefan Heijnk (2011) verschiedene Studien, eignet sich durch sein mobiles und einfaches Handling sowie die hohe Bildschirmauflösung für viele Nutzer auch und explizit als Lesegerät – etwa für die morgendlichen Lektüre im Zug, für den Feierabend auf dem Sofa oder fürs entspannte Lesen am Wochenende. Wie Heijnk schreibt, scheinen Tablet-Computer „das Lesen aus dem Kontext des wuseligen WWW herauszulösen, es vom Web zu isolieren und in eine printvergleichbare Erfahrung zu wandeln".

Artikeltexte werden für das digitale Storytelling meistens mit Multimedia-Komponenten flankiert – der Text aber bleibt meist der dominierende Part gegenüber anderen Medienarten wie Fotos, Videos oder Grafiken. Heijnk (2011) bezeichnet diese am häufigsten eingesetzte digitale Misch-Darstellungsform als Hypermedia-Patchworks (kurz HMPs). Hier aber soll diese Darstellungsform schlicht als „Artikeltext" bezeichnet werden, da es im digitalen Journalismus mittlerweile selbstverständlich sein dürfte, dass ein digitaler Artikeltext auch Hypertext-Elemente und neben reinem Schrifttext noch andere Medienarten integriert. Zudem sollen in dieser Typologie möglichst Anglizismen vermieden werden. Werden mehrere Artikeltexte und möglicherweise andere digitale Darstellungsformen zu einem Thema zeitraumüberspannend gesammelt und auch optisch gebündelt, spricht man von einem Themenpaket oder Dossier (s. Abschn. 7.2: Aggregative/kurative Formen).

Für die Produktion von Artikeltexten mit zusätzlichen Multimedia-Elementen ist es entscheidend, dass diese Elemente inhaltlich aufeinander abgestimmt werden. So sollte etwa ein im Artikeltext eingebundenes Video nicht den gleichen Inhalt wiederholen, den der Nutzer bereits im Text gelesen hat oder den die dazugehörige Bildergalerie transportiert. Gleichzeitig sollte der Artikeltext aber den inhaltlichen Kern wiedergeben, der zum Verständnis der Nachricht nötig ist. Denn der Artikeltext bleibt trotz der wachsenden multimedialen Optionen in den meisten Fällen weiter das zentrale Element im digitalen Storytelling. Wird eine Nachricht erst verständlich, wenn zusätzlich zum Artikeltext weitere multimediale Elemente rezipiert werden müssen, kann das zu Irritationen beim Nutzer führen. Technisch aufwändige Komponenten, deren Abruf je nach Endgerät des Nutzers und momentaner Qualität der Internetverbindung auch mal scheitern kann, sollten laut Heijnk (2011) immer nur als Ergänzungen dienen. Der Kern gehört demnach „stets in den nutzerfreundlichsten Modus, also in den schriftlichen Text".

Bei manchen multimedialen Web-Erzählweisen, vor allem aber bei der Verwendung von Schrifttext in Tablet-Apps, kommt außerdem eine navigatorische Besonderheit ins Spiel: Der Artikeltext muss dort in vielen Fällen nicht mehr wie von Webseiten bekannt gescrollt werden, sondern kann aufgrund der modularen Portionierung kompakt auf dem begrenzten Bildschirmraum des Tablets dargestellt werden. Bei längeren Texten wird sich oftmals damit beholfen, dass der Nutzer durch vertikales oder horizontales Wischen zur nächsten Text-Fläche gelangt (s. Abschn. 4.3: Die Kunst der Touch-Navigation).

Teaser

Der Online-Journalismus hat eine neue Text-Form hervorgebracht, die eng mit dem Artikeltext verbunden ist: den Teaser. Diesen gibt es zwar in ähnlicher Weise auch im Printjournalismus (als sogenannten Vorspann), aber für das digitale Storytelling spielen Teaser oft eine weitaus entscheidende Rolle: In vielen Fällen sind sie die strategisch wichtigsten Texte, weil der Nutzer hier entscheidet, ob er dem journalistischen Lockruf folgt und auf „mehr" klickt oder nicht. Deshalb wird der Teaser hier einzeln aufgeführt, obwohl er streng genommen nicht eine vollständige eigene Darstellungsform bildet.

Man könnte sogar sagen, dass der Teaser sinnbildlich für gut gemachten, spannenden Journalismus steht. „Wer in den ersten Sätzen zum Lesen verführt", so schreiben Schneider und Raue (2012), „wird seinen Weg im Journalismus gehen, gleich welche Technik uns nach iPad und Web 4.0 noch überraschen wird. Er ist für alle Zeiten und alle Techniken gewappnet." Was also macht einen guten Teaser aus?

Der Teaser dient bei digitalen Inhalten dazu, ein Thema anzureißen und den Nutzer zum Weiterlesen anzuregen. Die Länge des Teasers wird in der Regel durch das Layout vorgegeben und variiert je nach Website oder App. Manchmal besteht er bloß aus ein paar Wörtern, manchmal aus zwei bis drei Sätzen. Laut Meier (2002) erfüllt ein guter Teasertext im Wesentlichen zwei Funktionen:

- Er fasst den angekündigten Inhalt zusammen und bietet Orientierung über das, was folgt – sei es ein Artikeltext, ein Nachrichten-Video, eine interaktive Karte oder eine andere Darstellungsform.

- Ein Teaser sollte – zum Beispiel nach dem Cliffhanger-Prinzip – Spannung erzeugen, indem er etwas verspricht oder eine Frage aufwirft, die später beantwortet wird.

Neben dem digitalen Artikeltext und dem Teaser gibt es jedoch auch noch einige andere, nachfolgend genannte Schrifttext-Formen, die vollständig als eigene Darstellungsform bezeichnet werden können, da es keine wirkliche Parallele zur analogen Printwelt gibt.

Frage-Antwort-Text

Es ist geradezu elementar für das Wesen des World Wide Web, dass Nutzer es nach Informationen befragen können. Jeden Tag werden in Suchmaschinen wie Google unzählige Suchwörter eingetippt. Deshalb kann der Frage-Antwort-Text – der natürlich auch gedruckt funktioniert – besonders auf digitalen Geräten eine sinnvolle Umsetzungsform sein, wenn schwierige Sachverhalte kurz und kompakt erklärt werden sollen. Dabei kann der Schrifttext auch so dargestellt werden, dass die Antworten erst auftauchen, wenn der Nutzer sie beispielsweise auf einer Website anklickt. Eine weitere Möglichkeit ist, dass eine Redaktion dazu aufruft, Fragen zu einem Thema einzureichen, die dann ausgewählt, sortiert und schließlich beantwortet werden. *Spiegel Online* hat mit „1000 Fragen" sogar eine Serie ins Leben gerufen, bei der es nur darum geht, spannende und skurrile Alltagsfragen zu beantworten.[2]

Auf ähnliche Weise kann auch die Gegenüberstellung von Pro und Kontra auf digitalen Plattformen erfolgen: Entweder die befragten Parteien werden unter- oder nebeneinander dargestellt[3] oder der Nutzer muss die jeweiligen Fragen an zwei gegensätzliche Meinungsträger erst anklicken und erhält daraufhin die Antworten.

Mikroblog

Im engeren Sinne sind Weblogs, kurz Blogs genannt, keine journalistische Darstellungsform, sondern eher eine technische Plattform, die immer häufiger auch auf den Websites der Medienhäuser integriert wird. Von normalen Blogs zu unterscheiden sind jedoch sogenannte Mikroblogs. Denn während normale Weblogs einen gewissen technischen Aufwand mit sich bringen, für die die meisten Journalisten etwas Übung brauchen und die neben Text mittlerweile auch zunehmend andere Medienformen integrieren, können die meisten Mikroblogs noch als eine einfache, textbasierte Darstellungsweise bezeichnet werden.

Beim minimalisierten Bloggen veröffentlicht der Nutzer SMS-ähnliche Textnachrichten, die wie in einem Blog chronologisch dargestellt werden. Der bekannteste und weltweit erfolgreichste Mikroblogging-Dienst dieser Art ist Twitter – im Jahr 2006 gegründet und mittlerweile so etwas wie ein Synonym für Mikroblogging. Nutzer von Twitter können Nachrichten mit bis zu 140 Zeichen Länge „twittern" (engl. to tweet = zwitschern), die dann fast in Echtzeit auf der Profilseite des Nutzers erscheinen. Eine wichtige Funktion bei Twitter stellt das

---

[2] Siehe dazu die Spiegel Online-Serie „1000 Fragen". URL: http://www.spiegel.de/thema/1000_fragen/.

[3] Siehe dazu bspw. folgende Umsetzung bei Zeit Online. Kurz-URL: http://bit.ly/bWQJuh.

„Retweet" genannte Weiterleiten interessanter Tweets an die eigenen Follower dar. Auf diese Weise können sich wichtige oder kuriose Meldungen innerhalb weniger Minuten über die ganze Welt verbreiten.

Auch Redaktionen und einzelne Journalisten können über diesen Kanal Informationen weitergeben, in jedem Fall sollten sie jedoch Mikroblogs wie Twitter als einen durchaus relevanten Nachrichtenradar im Auge haben. Rund um Twitter haben sich eine Vielzahl an Zusatzdiensten angesiedelt, die das Twittern komfortabler machen und es um zusätzliche Tools erweitern. Zudem kommt es immer häufiger vor, dass Redaktionen aktuelle Twitter-Nachrichten zu einem Thema auf ihrer Website einbinden (mehr dazu in Abschn. 7.2.5: Aggregative/kurative Formen).

Eilmeldung

Mit der Eilmeldung hat sich eine kleine, zunehmend eingesetzte, textbasierte Darstellungsform in den Medien etabliert, die so nur auf digitalen Plattformen möglich ist. Je nach Leistungsfähigkeit des Content Management Systems kann innerhalb weniger Sekunden eine herausragend wichtige und neue Nachricht an die Nutzer übermittelt werden, bevor genaue Hintergründe bekannt sind und die Berichterstattung ausgebaut wird. Dabei kann die Eilmeldung prominent auf der Homepage einer Website oder dem Startbildschirm einer Medien-App platziert werden, aber auch per Mail, RSS, Twitter, Facebook oder über andere Kanäle verbreitet werden.[4]

Selbst jene Nutzer, die zum Zeitpunkt einer „Breaking News" nicht aktiv im Internet surfen, müssen heute keine wichtigen Nachrichten mehr verpassen. Neben der schon fast altmodischen Möglichkeit Eilmeldungen per SMS zu erhalten, bieten immer mehr Redaktionen heute sogenannte Push-Benachrichtigungen für Smartphones und Tablets an. Hat der Nutzer sein mobiles Endgerät entsprechend eingestellt, erscheint innerhalb kurzer Zeit auf dem Bildschirm ein Fenster mit der entsprechenden Eilmeldung.[5]

Nachrichten-Ticker

Eng verwandt mit der Schrifttext-Form der Eilmeldung sind aufgrund ihres Echtzeit-Charakters auch andere Formen wie beispielsweise der Liveticker. Da

---

[4] Siehe dazu bspw. das Eilmeldungsangebot von Spiegel Online. Kurz-URL: http:// bit.ly/YlEXUY.

[5] Siehe dazu bspw. die iPhone-App des privaten Nachrichtensenders n-tv. Kurz-URL: http://bit.ly/RknCgA.

Formen wie diese aber neben textlichen Informationen in der redaktionellen Praxis auch immer häufiger Fotos, Videos und andere Medienformen integrieren, soll diese hier eher funktional über ihren Mehrwert der Echtzeit definiert und somit zu den funktionsorientierten Darstellungsformen gezählt werden (s. Abschn. 7.2).

Eindeutig textbasiert und weniger „live" ist aber der sogenannte Nachrichten-Ticker bzw. News-Ticker, der auf vielen Medienseiten als Service angeboten wird. Die aktuellsten Nachrichten werden dabei meist in einem speziellen Fenster chronologisch aufgelistet und generieren sich entweder aus den bestehenden Nachrichten[6] oder aus eigenständigen Kurzmeldungen.[7] Im zweiten Fall wird oft auf das Angebot einer Nachrichtenagentur zurückgegriffen.

Kurztextgalerie

Aus der schnell umsetzbaren und klickträchtigen Bildergalerie des Onlinejournalismus hat sich neben der Audio-Slideshow (s. Abschn. 7.1: Foto-Formen) auch eine neue digitale Schrifttext-Form entwickelt: die Kurztextgalerie oder Text-Slideshow. In ihr klickt sich der Nutzer ähnlich wie bei einer Bildergalerie von einem kurzen Textbaustein zum nächsten und produziert auf diese Weise wesentlich mehr Seitenabrufe, als wenn die gleichen Informationen innerhalb eines normalen Artikeltextes aufgeführt wären. Der Einsatz solcher Text-Galerien bietet sich – abgesehen vom Reichweitengedanken – vor allem an, wenn dem Leser gesammelte Informationen kurz und übersichtlich dargestellt werden sollen.

7.1.2 Foto-Formen

Fotos werden in Zeiten von Youtube-Clips und immer schnelleren Internetverbindungen zwar zunehmend durch Bewegtbilder abgelöst, haben aber nach wie vor ihren Mehrwert für das digitale Storytelling (s. Abschn. 3.6: Foto – die Qualität des Moments): immer dann, „wenn sich der Charakter, das wesentliche Detail eines Ereignisses durch eine Momentaufnahme oder die Abfolge einzelner Momentaufnahmen unmissverständlich darstellen lässt" (Meier 2000, S. 131). Gerade auf Tablet-Computern erscheinen Fotos aufgrund der hohen Auflösung

---

[6] Beim Web-Auftritt des Handelsblatts werden bspw. in chronologischer Reihenfolge die Dachzeile und der Titel der neuesten Nachrichten angezeigt. Klickt man eine Nachricht an, gelangt man zum entsprechenden Artikel.

[7] Ein Beispiel ist der Nachrichten-Ticker von WDR.de. URL: http://www.wdr.de.

und der eingebauten Hintergrundbeleuchtung besonders brillant. Die Regeln guter Fotografie haben sich dabei – abgesehen von technischen Aspekten – mit der Digitalisierung nicht wesentlich geändert: räumliche Tiefe ins Bild bringen, verschiedene Einstellungsgrößen wählen, das Motiv in den Goldenen Schnitt rücken, aussagekräftige, diagonale Linien suchen.[8]

Wie auf bedrucktem Papier haben Fotos auch auf Webseiten oder innerhalb von Apps eine starke Wirkung auf die Blicksteuerung der Nutzer. Dabei können sie schlichtweg als Blickfänger dienen, textlastige Seiten auflockern oder – ganz im Sinne des journalistischen Storytellings – die Nutzer emotional ansprechen, indem sie menschliche Regungen wie etwa Trauer, Freude oder Anspannung zeigen. Einer der jüngsten Megadeals von Facebook zeigt zudem, welche Bedeutung Fotos in der digitalen Welt mittlerweile auch für Communitys haben können: Kurz vor seinem Börsengang legte Facebook im Mai 2012 für das kleine Start-up-Unternehmen Instagram eine Milliarde US-Dollar auf den Tisch – eine Übernahme, mit der zuvor keiner gerechnet hatte. Über Instagram lassen sich mit dem Smartphone geschossene Fotos mit Retro-Effekten versehen und per App bei Facebook oder Twitter hochladen. Der Hauptgrund für die Übernahme war wohl weniger das Ausstechen eines Konkurrenten, sondern die leidenschaftliche, mobile und zudem als zahlungskräftig geltende Community von Instagram. Facebook hat sich mit dem Instagram-Deal gewissermaßen neues Futter für seine Werbekunden eingekauft.

Die simpelste Verwendung von Fotos für das journalistische Storytelling ist ihr printähnlicher Einsatz in Form einzelner Bilder, eingebunden in einen Text oder mit einer Bildunterschrift betextet. Über das einfache Nachrichtenfoto hinaus haben sich aber eine ganze Reihe von digital-spezifischen fotografischen Darstellungsformen entwickelt, die nachfolgend näher beschrieben werden. Bitte lächeln!

Digitales Foto

Im Rennen um die schnellste aktuelle Nachricht hatte die geschriebene Eilmeldung lange Zeit die Nase vorn. Durch die rasante Verbreitung internetfähiger Mobiltelefone mit eingebauter Kamera kann mittlerweile in manchen Fällen aber auch das nachrichtliche Foto schneller sein als die schriftliche Meldung. Immer öfters kommt es vor, dass Amateurfotografen exklusives Bildmaterial bieten, an das keine Nachrichtenagentur oder Redaktion so schnell gelangen kann. Ein Beispiel, das Mediengeschichte geschrieben hat und um die Welt ging, ist das Foto von Janis Krums, der gerade auf einer Fähre über den Hudson fuhr, als dort am 15. Januar 2009 ein Passagierflugzeug notlandete. Er war zufällig zur richtigen Zeit am Ort

---

[8] Lese-Tipp: Siehe dazu weiterführend bspw. Rossig 2007; Jakubetz et al. 2011; Matzen 2011.

Abb. 7.1 Ein Augenzeugen-Foto, das im Januar 2009 per Twitter um die Welt ging (*Quelle* Tablet-Screenshot)

eines großen Nachrichtenereignisses, machte in Sekundenschnelle mit seinem Smartphone ein Foto und schickte es per Twitter an die Internetöffentlichkeit. „Da ist ein Flugzeugabsturz am Hudson. Bin auf der Fähre. Rette Leute. Verrückt", schrieb er dazu und war damit der Erste, der ein Foto der spektakulären Rettung veröffentlichte, das in der Folge von zahlreichen Bildagenturen und Redaktionen auf der ganzen Welt weiter verbreitet wurde (Abb. 7.1).

Eine halbe Stunde nach seiner Aufnahme fand sich Krums plötzlich als gefragter Augenzeuge auch in den klassischen Medien wieder: als Interviewgast beim US-Nachrichtensender *MSNBC*.[9] Innerhalb von drei Stunden gewann Krums mehr als 1.500 Twitter-Follower hinzu, sein Bild wurde über 60.000 Mal abgerufen, worauf die dazugehörige Fotoseite Twitpic (www.twitpic.com) unter dem User-Ansturm zusammenbrach und vorübergehend nicht erreichbar war.

---

[9] Siehe dazu das TV-Interview des US-Nachrichtensenders MSNBC mit dem Augenzeugen Janis Krums. URL: http://vimeo.com/2841907.

Aufgrund des Booms digitaler Fotos haben einige Medienhäuser bereits spezi-elle Upload-Angebote auf ihren Webseiten eingerichtet, über die jeder Bürger innerhalb von Sekunden Amateurbilder zur professionellen Verwendung hochla-den kann. Das bekannteste Angebot dieser Art im deutschsprachigen Raum ist sicher der „Leserreporter" der *Bild*-Zeitung, die 500 Euro für jeden bundesweit gedruckten Schnappschuss zahlt.[10] In den USA bietet der US-Fernsehsender *CNN* mit „iReport" eine ähnliche Möglichkeit an.[11]

Bei allen Möglichkeiten, die das Medium Foto für die journalistische Darstellung bietet, kann aber auch schon die puristische, einfache Form beson-ders eindrucksvoll sein, wie die US-amerikanische Zeitung *Boston Globe* auf ihrer Website täglich mit der Fotoserie „The Big Picture" beweist. Jeden Tag wird dort zu einem Thema ein besonders gelungenes, aussagekräftiges Foto im Riesenformat veröffentlicht, das fast den gesamten Bildschirm ausfüllt und durch einige Text-Informationen darunter ergänzt wird. Interessiert sich ein Nutzer für weitere Fotos zum Thema, gelangt er mit einem Klick zu weiteren, themenver-wandten Fotos im Großformat, die schlicht untereinander aufgereiht werden.[12] Auch wenn der Reichweiten-orientierte Kritiker vielleicht anmerken wird, dass durch diese Darstellung wertvolle Klicks verloren gehen: Gerade durch die Einfachheit und Direktheit wirken die großen Bilder besonders eindrucksvoll. Für Tablet-Rechner wäre das horizontale Wischen von Bild zu Bild jedoch die vielleicht noch optimalere Navigation bei diesem Fotoformat. Ein ähnliches Format bietet seinen Nutzern seit einiger auch *Zeit Online* an. Zweimal am Tag finden Nutzer am Fuß der Homepage eine neue „Momentaufnahme" mit einer kurzen Bildunterschrift.

Das fast unbegrenzte Platzangebot des Internets bietet einzelnen Bildern aber auch noch weitere, gänzlich ungewohnte Möglichkeiten des digitalen Storytellings. So hat beispielsweise der dänische Fotograf Simon Hoegsberg Dutzende Einzelaufnahmen zu einem horizontal laufenden 100-Meter-Panorama-Foto verbunden, das insgesamt 178 Menschen zeigt (Abb. 7.2). Die beeindruckenden Aufnahmen mit dem Titel „We're all gonna die – 100 meters of human existence"[13] entstanden über einen Zeitraum von 17 Monaten an insge-samt 20 Foto-Tagen auf einer Eisenbahnbrücke in Berlin. Später wurden sie dann digital zu einer einzigen Panorama-Aufnahme zusammengesetzt.

---

[10] Siehe Upload-Seite bei Bild.de. Kurz-URL: http://bit.ly/YlFLZS.

[11] Siehe Upload-Seite des US-Fernsehsenders CNN. URL: http://ireport.cnn.com.

[12] Siehe dazu die Fotoserie „The Big Picture". URL: http://www.boston.com/bigpicture/.

[13] Siehe dazu das Panorama-Bild auf der Website des Fotografen. Kurz-URL: http://bit.ly/FxtQ.

Abb. 7.2 100 Meter-Panorama mit 178 Menschen auf der Website des dänischen Fotografen Simon Hoegsberg (*Quelle* Screenshot)

Bildergalerie/Slideshow

Ein großer Mehrwert digitaler Plattformen ist die (annähernd) unbegrenzte Speichermöglichkeit und die damit mögliche inhaltliche Tiefe, die Webseiten und Medien-Apps ihren Nutzern bieten können. Fotografisch kann diese Tiefe am einfachsten erreicht werden, indem das vorhandene Platzangebot für zusätzliche Artikel-begleitende oder für sich stehende Fotos genutzt wird. Als einfache, schnell umsetzbare und klickträchtige Foto-Darstellungsform hat sich dazu im Web-Journalismus die sogenannten Bildergalerie etabliert – je nach funktionalen Betrachtungsoptionen auch Slideshow genannt.

Bildergalerien können einen textlichen Bericht durch spannende Fotos ergänzen oder ihn komplett ersetzen, indem ein Thema nur anhand von Fotos und entsprechender Bildunterschriften erzählt wird. Auch kann es vorkommen, dass der Redaktion zur Verfügung stehende Fotos ein Thema überhaupt erst zu einem Thema machen, weil es von dem Ereignis so viele schöne und informative Motive gibt, dass es verschenkt wäre, sie nicht in Form einer Bildergalerie zu veröffentlichen. Wie die *tagesschau.de*-Redakteurin Nea Matzen (2010) anmerkt, besteht dabei jedoch immer die Gefahr, dass eine Bildergalerie rein voyeuristischen oder werblichen Charakter bekommt. Die Redaktion solle sich deshalb immer überlegen, welche journalistische Aussagekraft eine Bildergalerie tatsächlich hat oder ob sie nur als reine „Klickmaschine" dient.

Denn als solche hat sie sich im Onlinejournalismus schon früh etabliert, weil Fotos in der Regel schneller rezipiert werden als Texte, der Nutzer dementsprechend mehr klickt und damit Seitenabrufe produziert. Ganz praktisch und rhetorisch fragt Matzen (2010) deshalb: „Erfahren die Leser etwas Wichtiges zusätzlich, wenn Fotos von einer Automobilmesse gezeigt werden? Ist die Darstellung der ehemaligen CSU-Politikerin Gabriele Pauli in Latex-Kostümen von journalistischem Interesse? Ist eine Bilderstrecke mit mehreren hundert Texttafeln zum Thema ‚Warum ich keine Lust auf Sex hatte' ein angemessener Inhalt für ein Internetportal einer Tageszeitung? Kann man noch von journalistischer Auswahl sprechen, wenn mehr als 200 Bilder eines Schützenfestes ins Netz gestellt werden?"

Für die Navigation durch digitale Bildergalerien haben sich mittlerweile zwei gängige Formen der Nutzersteuerung etabliert: Entweder man navigiert sich per Klick bzw. Druck auf dem Touchscreen von Bild zu Bild oder die Fotos laufen nach einer Start-Aufforderung automatisch ab (dann wird meistens von einer Slideshow gesprochen). In manchen Fällen kann der Nutzer auch zwischen beiden Steuerungsoptionen wählen. Auf Smartphones und Tablets mit Touchscreen-Technologie kommt noch eine dritte gerätetypische Navigationsvariante hinzu: Dort kann die Steuerung so gestaltet werden, dass der Nutzer durch Wischen von einem Foto zum anderen gelangt (s. Abschn. 4.3: Die Kunst der Touch-Navigation).

Bei aller neuen Technik bleibt jedoch auch so manche alte Regel bestehen: Ähnlich wie bei einem guten Text oder einem guten Video, sollte auch eine Bildergalerie dramaturgisch spannend aufgebaut sein. Beim Erzählen mit Bildern können laut Matzen (2010) neben der reinen Aneinanderreihung von Fotos zu einem Thema (Bilder des Tages, Bilder einer Ausstellung etc.) verschiedene Erzählweisen verwendet werden:

• Chronologie
• Aufteilung in Kapitel
• Annäherung an eine Person, ein Ereignis oder ein Objekt
• Darstellen von Kontrasten

Hin und wieder werden Bilderstrecken auf einfache Weise mit Audios unterlegt – etwa mit Musik oder O-Tönen von gezeigten Personen. Doch allein das zusätzliche Medium macht die Bilderstrecke noch nicht zu einer anderen Darstellungsform wie etwa der Audio-Slideshow, die nachfolgend vorgestellt werden soll und die sich insofern von der einfachen Slideshow abhebt, als dass sie dramaturgisch noch durchdachter und gestalterisch wesentlich aufwändiger ist.

Audio-Slideshow

Wer dachte, dass die altbekannte, flimmernde Diashow via Licht-Projektor mit der Digitalisierung endgültig zu den Relikten der Mediengeschichte gehört, der hat sich getäuscht: Sie erlebt nämlich derzeit in einem ähnlichen, aber neuen

Gewand ihr Comeback im digitalen Storytelling. Spätestens mit dem Boom der Tablet-Computer (s. Kap. 4: Faszination Tablet-Computer) haben Audio-Slideshows als starke Reportage-Form nochmals neuen Rückenwind bekommen.

Die digitale Stilform der analogen Diashow wird meist als Audio-Slideshow bezeichnet. Sie läuft wie ein Video in einem Player ab und erzählt wie die Bildergalerie Geschichten in Bildern, wird aber zusätzlich mit O-Tönen von Protagonisten, passenden Geräuschen oder Musik unterlegt. Manchmal enthält sie auch Video-Elemente, seltener Schrifttext oder Grafiken. Das vorherrschende, grundlegende Medium der Audio-Slideshow stellen aber Fotografien dar, weshalb sie zu den Foto-Formen zu zählen ist.

Nach Einschätzung des Foto-Journalisten Daniel Nauck (2011) kann eine gut gemachte Audio-Slideshow durch ihre starke Bildsprache in kürzester Zeit eine große emotionale Nähe zu den Protagonisten schaffen. Die journalistische Geschichte dahinter könne sich viel besser in der Erinnerung der Nutzer festsetzen als nur mit einem Text. Dabei scheint die Audio-Slideshow gerade auf Tablet-Computern ihren bildästhetischen Reiz besonders entfalten zu können, was zum Beispiel auch beim *Spiegel* dazu führt, dass sie innerhalb der multimedialen Tablet-Ausgabe vermehrt eingesetzt wird. Dort setzt man laut Multimedia-Redakteur Jens Radü (2012) viel mehr als beim Web-Auftritt *Spiegel Online* auf diese Form, „weil eben das Standbild, das pure Foto, vielleicht leicht bewegt, so gut wirkt auf dem iPad".

Auch einige andere Verlage haben auf ihren Internetseiten in den vergangenen Jahren bereits vereinzelt mit dieser neuen digitalen Foto-Form experimentiert, zum redaktionellen Standard-Repertoire ist sie – anders als etwa in den USA – jedoch (noch) nicht geworden. Dabei sind gut gemachte audiovisuelle Slideshows, so Jakubetz (2011), „eigene, kleine Kunstwerke, ein Zwischending zwischen Foto und Film, in jedem Fall aber hochgradig gut geeignet für Fotoreportagen bzw. Reportagefotografie". Ein Grund für den bisher verhaltenen Einsatz von Audio-Slideshows dürfte sein, dass sich durch das videoähnliche Abspielen dieser Foto-Form im Vergleich zu normalen Bildergalerien deutlicher weniger Klicks erzielen lassen. Auf der anderen Seite aber ist es bei der Audio-Slideshow wie bei Web-Videos möglich, Bewegtbild-Werbung vorzuschalten, die als besonders reichweitenstark und profitabel gilt.

Der größte Unterschied der Audio-Slideshow gegenüber dem Video liegt für den Multimedia-Journalisten Matthias Eberl (2008) in der Wahrnehmung von Fotos, die man eher als etwas Abgeschlossenes und Vergangenes wahrnehme. Bewegtbilder hingegen würden eher wie Gegenwart aufgenommen werden, ganz so, als sei der Zuschauer selbst vor Ort. Die distanzierende Wirkung von Fotos müsse bei der Audio-Slideshow mit Stimmen, Geräuschen und Musik überbrückt werden, um den

Abb. 7.3 Preisgekrönte Audio-Slideshow von Matthias Eberl über eine Münchener Kneipe: „Außen ein Puff, innen Hölle" (*Quelle* Screenshot)

Rezipienten durch die Bilder zu führen. Dann werde die Audio-Slideshow zu einem reizvollen „Fantasiemedium, eher vergleichbar mit einem Text" (Abb. 7.3).

Bei einer Audio-Slideshow lassen sich beim Nutzer visuelle Vorstellungen auslösen, wodurch selbst Ereignisse beschrieben werden können, bei denen keine Kamera anwesend war – anders als beim Video, das einem ständigen Zwang zur Visualisierung unterliegt und bei dem der Zuschauer unmittelbare Bewegungen und Vorgänge erwartet. Die Audio-Slideshow liefert zwar ebenfalls Bilder, aber eben keine sich abspielenden Ereignisse:

> *Ein Bild von einem Zimmer, einer Straße oder einer Landschaft gibt einen Raum und einen Moment vor. Wenn dazu ein Sprecher erzählt, was in diesem Raum geschehen ist oder geschehen wird, kann der Zuschauer den Moment des Bildes als Ausgangspunkt nehmen, um das Erzählte in seiner Fantasie zu entrollen. Geräusche unterstützen diesen Vorgang.*
>
> (Matthias Eberl, 2008)

Der wesentliche Vorteil von Audio-Slideshows gegenüber dem digitalen Video liegt also darin, dass Momente, Räume, Akteure und Gegenstände durch Geräusche und gesprochene Texte in der Vorstellung des Nutzers erweitert werden können. Ein weiterer Vorteil der Audio-Slideshow ist, dass sie im Vergleich zum Video relativ einfach von Journalisten produziert werden kann – ganz ohne Cutter oder Grafiker. Eine leicht verständliche und bewährte, von vielen Journalisten genutzte Software dafür ist Soundslides,[14] die aus Fotos und einer Audio-Datei eine fertige HTML-Seite inklusive Flash-Player erstellt. Der Entwickler des Slideshow-Programms, Joe Weiss, ist selbst Bildjournalist und Multimedia-Reporter.

In einigen Audio-Slideshows wird zusätzlich zu den auditiven Elementen auch noch auf einen besonderen handwerklichen Trick zurückgegriffen: den sogenannten Motion-Effekt, der statischen Bildern etwa durch Schwenks, Zoom-Effekte oder Überblendungen mehr Dynamik verleiht. Die Bilder wirken auf diese Weise oft filmischer und können die Dramaturgie der Geschichte verstärken. Wie viele Bilder und welche Länge eine Audio-Slideshow optimalerweise haben sollte, ist bisher noch nicht abschließend beantwortet. Slideshow-Projekte der bekannten US-amerikanischen Produktionsfirma Mediastorm haben beispielsweise oft eine Länge von über zehn Minuten. Andere Praktiker dieser Darstellungsform empfehlen hingegen eine Abspieldauer von drei bis maximal fünf Minuten.

Vuvox-Collage

Eng mit der Audio-Slideshow verwandt ist die sogenannte Vuvox-Collage, die ihren Namen vom gleichnamigen kostenlosen Online-Dienst hat.[15] Mit Vuvox lassen sich auf relativ einfache Weise Bilder wie an einer Wäscheleine aufreihen. Die Darstellung orientiert sich dabei stark am Comic-Stil; der Nutzer navigiert sich horizontal von Bild zu Bild und kann dabei selbst die Geschwindigkeit der aneinander gereihten Bilder bestimmen. Zusätzlich lassen sich mit Vuvox auch sogenannte Hot-Spots in Fotos einfügen, über die weitere Foto,- Audio- und Videoelemente verlinkt werden können.

Zeit Online hat beispielsweise bereits 2009 mit dieser Form experimentiert und die wichtigsten Stationen im Leben des Alt-Bundeskanzlers Helmut Schmidt in einer Vuvox-Collage verpackt. Anhand eines horizontalen Schiebereglers kann der Nutzer sich nach individuellem Tempo durch den multimedialen Rückblick auf neun Jahrzehnte Zeitgeschichte navigieren.[16]

---

[14] Es gibt eine kostenlose Testversion der Bilderstrecken-Software, die aber funktional eingeschränkt ist. Die vollständige Version kann ab 39,95 $ auf der Anbieter-Website heruntergeladen werden. URL: http://soundslides.com.

[15] Siehe dazu die Website des Online-Dienstes Vuvox. URL: http://www.vuvox.com.

[16] Siehe dazu die entsprechende Collage bei Zeit Online. Kurz-URL: http://bit.ly/rjQqV.

360-Grad-Panorama/3D-Foto

Gerade Magazine wie der *Stern*, *Monopol* oder *Neon* leben von ihrer starken und opulenten Bildsprache. Deshalb kann sich auch Wolfgang Luef, verantwortlicher Redakteur für die Tablet-Ausgabe des *Süddeutsche Zeitung Magazins* vorstellen, bald die fotografischen Möglichkeiten des neuen Endgeräts weiter für sein Magazin auszuschöpfen. Eine dieser Optionen sind sogenannte 360-Grad-Fotos, über die Luef (2012) sagt: „Die halte ich für eine sehr gute Idee, etwas, was auf dem Tablet ganz großartig funktioniert."

Hochwertige 360-Grad-Fotos werden in der Regel mit einer Spezialkamera aufgenommen und setzen sich aus mehreren Einzelbildern zusammen. Der besondere Mehrwert dieser Foto-Form: Der Nutzer kann ähnlich wie bei dem Google-Dienst Street View die Perspektive und den Zoom manuell verändern und sich somit nach Belieben interaktiv durch die fotografischen Panoramabilder navigieren. Auf diese Weise kann der Betrachter noch intensiver und unmittelbarer in ein Geschehen eintauchen als bei klassischen Foto-Formaten.

Ein beeindruckendes Beispiel für ein 360-Grad-Panorama bot eine russische Nachrichtenagentur in Zusammenarbeit mit dem IT-Unternehmer und Blogger Ilja Warlamow während der Wahl-Proteste in Moskau Ende 2011.[17] Die Agentur organisierte eine Live-Übertragung der Demonstrationen im Internet und ließ dafür eine ferngesteuerte Mini-Drohne aufsteigen, die Panorama-Aufnahmen aus der Luft machte.[18] Im Internet konnte sich jeder Interessierte aus einer völlig neuen Perspektive sein eigenes Bild der Demonstrationen auf dem Bolotnaja Ploschad machen. Der Nutzer kann sich bei diesem Beispiel quasi dreidimensional vor Ort umsehen, den Blick um die eigene Achse wenden und auch nach oben oder unten schauen (Abb. 7.4). Dazu ist in das Moskauer 360-Grad-Panorama eine automatisch abspielende Audio-Sequenz eingebettet. Der Nutzer sieht somit nicht nur die Proteste, sondern er hört auch die Geräuschkulisse. Im Kopf des Nutzers verstärkt das die Illusion, live dabei zu sein.

Neben der Möglichkeit, sich interaktiv durch 360-Grad-Panoramen zu bewegen, ist es auch möglich, Bilder über Hotspots-Links in andere Bilder zu integrieren. Der Nutzer kann dann quasi aus einem Bild in ein anderes Bild hineingehen. Noch weiter geht ein 360-Grad-Panorama des *WDR* zur Loveparade-Katastrophe

---

[17] Der Autor dieses Buches hat im Rahmen einer Recherche selbst Kontakt zu dem Blogger gehabt und eine fünfteilige Blog-Reihe während der Wahl-Proteste Ende 2011 redaktionell betreut und aus dem Russischen übersetzt. Siehe dazu bspw. die erste Blog-Folge auf Handelsblatt.com. Kurz-URL: http://bit.ly/UoOYSn.

[18] Siehe dazu die Moskauer Luftaufnahmen. Kurz-URL: http://bit.ly/vg0to9.

Abb. 7.4 360-Grad-Panorama der Moskauer Wahlproteste Ende 2011 (*Quelle* Screenshot)

Abb. 7.5 Interaktives Panorama mit Hotspots auf WDR.de (*Quelle* Screenshot)

im Sommer 2010 (Abb. 7.5). Der Nutzer kann sich bei diesem Panorama nicht bloß interaktiv über den Unglücksort bewegen, sondern kann per Hotspot-Links innerhalb der Fotos auch noch weitere Fotos, Text-Informationen, Audios oder Videos aufrufen.[19] Auf diese Weise wird eine Foto-Form fast zu einem multimedialen Webspecial, das optisch wie inhaltlich eine große Tiefe erreicht.

---

[19] Siehe dazu das 360-Grad-Panorama auf WDR.de. Kurz-URL: http://bit.ly/VDzDKl.

Doch 360-Grad-Panoramen müssen nicht zwangsläufig nur aus statischen Fotos bestehen. Mittlerweile gibt es auch Formate in bewegter Form, bei denen der Nutzer selbstständig innerhalb eines Videos die Perspektive wählen kann (s. Abschn. 7.1: 360-Grad-Videos).

Gigapan

Als einen gedruckten Vorläufer von Gigapans könnte man sogenannte Wimmelbilder bezeichnen, die vielen Nutzern aus speziellen Bilderbüchern für Kinder bekannt sein dürften: Bilder in einem besonders großen Format, oft über eine Doppelseite ausgedehnt, auf denen es nur so vor dargestellten Details „wimmelt". Auch manche Printmedien wie beispielsweise das *SZ-Magazin* haben mit dieser Foto-Form bereits vereinzelt experimentiert. Luef (2012) kann sich durchaus vorstellen, auch bei der Tablet-Ausgabe des *SZ-Magazins* diese Form mal auszuprobieren. Dort könnte man für den Nutzer die Möglichkeit schaffen, „wirklich ganz nah heranzuzoomen und so jedes Detail, auch die gekreuzten Finger des Fans in der 700. Reihe im Fußballstadion, noch zu sehen".

In der digitalen Welt werden solche übergroßen Bilder, die noch einen Schritt weiter als das digitale Panorama-Foto gehen, Gigapans genannt: fotografische Panoramen „von Städten oder Sehenswürdigkeiten in extremer Detailtiefe und mit gigantischen Abmessungen" (Heijnk 2011, S. 213). Ähnlich wie bei Google Earth kann der Nutzer mit Hilfe der Gigapan-Technologie in übergroße, hochauflösende Panorama-Bilder hineinzoomen und interessante Details näher betrachten. Möglich sind solche Panorama-Aufnahmen nicht durch eine spezielle Kamera, sondern durch ein spezielles Stativ-Gerät, in das die Kamera eingespannt wird.

Ein beeindruckendes Beispiel bietet beispielsweise ein Gigapan, das bei der Vereidigung von US-Präsident Barack Obama gemacht wurde. Fast jeder Anwesende kann auf diesem Foto so nah rangezoomt werden, dass man seinen Gesichtsausdruck, Details der Kleidung und anderes erkennt.[20] Die zum Zeitpunkt der Aufnahme enthaltene Menge an Informationen geht bei solchen Riesenbildern deutlich über das hinaus, was ein Mensch zu einem bestimmten Zeitpunkt ohne technische Hilfsmitteln erfassen könnte. Das Gigapan bietet gewissermaßen die Chance, einen Moment aus der Wirklichkeit einzufrieren und diesen später in Ruhe mit all seinen Details zu betrachten.

Infinity-Foto

Ähnlich detailreich und für den Betrachter buchstäblich „unendlich" sind sogenannte Infinity-Fotos, deren Motive sich aus einer Vielzahl anderer Fotos

---

[20] Siehe dazu das entsprechende Gigapan. URL: http://gigapan.com/gigapans/15374.

zusammensetzen. Durch Hinein- oder Hinauszoomen entdeckt der Nutzer immer wieder neue Motive. Das populärwissenschaftliche Magazin *National Geographic* setzt diese Foto-Form regelmäßig auf seiner Website ein – beispielsweise, um die Vielfalt der US-Nationalparks bildhaft zu verdeutlichen.[21]

Banner-Foto

Das Wort „Banner" bezeichnet eigentlich breite Fahnen mit Wappen oder anderen symbolischen Zeichen von Organisationen, wie man sie aus dem Mittelalter etwa von Fürsten und ihrem Gefolge kennt. Mittlerweile hat der Begriff jedoch auch in viele Redaktionen Einzug erhalten. Gemeint sind meist besonders breite Bilder oder Montagebilder, die (fast) über die gesamte Spaltenbreite reichen und den Nutzer opulent auf ein Aufmacher-Thema oder ein Themenpaket hinweisen sollen. Online-Redaktionen wie die des *Spiegels* oder der *Süddeutschen Zeitung* verwenden immer häufiger solche breitformatigen Banner-Bilder, um auf ihren Startseiten den Nutzer sofort mit einem „Eyecatcher" auf das aktuelle Aufmacher-Thema zu lenken.

Zeitraffer-Foto

Nicht nur der Raum kann in Fotos verdichtet werden, sondern auch die Zeit, wenn das immer gleiche Motiv zu unterschiedlichen Zeitpunkten fotografiert wird und wie bei einer Mehrfachbelichtung in eine einzige Aufnahme gepresst wird. Unterschiedliche Momente des selben Motivs werden so in einem einzigen Montagebild festgehalten.

Eine andere Möglichkeit ist, durch den Zeitraffer-Effekt längere Zeiträume und in ihnen ablaufende Veränderungen in einer Auswahl von Fotos sichtbar zu machen. Diese können dann beispielsweise in einer Bilderstrecke dargestellt werden und eine Art fotografische Chronologie bieten. Werden die Fotos in einem Player – beispielsweise in Form einer Audio-Slideshow – hintereinander abgespielt, verwischen die Grenzen zur Form des Zeitraffer-Videos (s. Abschn. 7.1: Video-Formen).

7.1.3 Audio-Formen

Viele der digitalen Audio-Formen bilden eine Kombination aus Audio-Elementen mit dominanter erscheinenden visuellen Komponenten wie Videos, Fotos oder Animationen. An entsprechender Stelle wird auf diese Formen eingegangen, in

---

[21] Siehe dazu die Infinity-Fotos auf der Website von National Geographic. Kurz-URL: http://on.natgeo.com/dso91o.

diesem Abschnitt jedoch nur auf jene, bei denen das Hören die eindeutig vorherrschende Sinneswahrnehmung ausmacht. Denn für das digitale Storytelling bieten Audio-Formen mit ihren spezifischen Stärken (s. Abschn. 3.5: Audio – die Qualität des Hörens) eine Vielzahl spannender Einsatzmöglichkeiten. In vielen Fällen sind Audios sogar ein Muss: immer dann, wenn es tatsächlich etwas zu hören gibt, wenn das Hören eine besondere Rolle für das Thema spielt. Wie Heijnk (2011) schreibt, wird beispielsweise ein Artikel, in dem es um Walgesänge geht, ohne entsprechende Audios „als medial unvollständig wahrgenommen. Eine Musikrezension ohne Audio-Schnipsel zum Reinhören geht gar nicht."

Audio-Clip

Wenn überhaupt rein akustische Elemente auf Webseiten oder in Apps vorkommen, dann oft als Ergänzung anderer Medienarten und in Form kleinerer Audio-Clips. Weitaus mehr werden sie natürlicherweise dort angeboten, wo Audios ohnehin das zentrale Medium bilden: auf Internetseiten von privaten und öffentlich-rechtlichen Radiosendern. Hier werden oftmals auch über den Sendetermin hinaus Audios als Podcast angeboten und archiviert.

Da der Nutzer die Audiodateien jedoch erstmal durch Klicken oder Tippen aktivieren muss und diese gerade auf mobilen Endgeräten in vielen Situationen ohne Kopfhörer eher unpassend erscheinen (beispielsweise im Zug oder bei einem Meeting), sind Audio-Clips wie O-Töne von Politikern in den meisten Fällen bloß ein journalistisches Zusatzangebot – mal abgesehen von den digitalen Auftritten der Radiosender. Die wesentlichen Informationen finden Nutzer auf tagesaktuellen Webseiten so gut wie immer auch noch in einem Artikeltext oder in einer Bildergalerie – oder es wird gleich die Form des Nachrichtenvideos vorgezogen. Audios haben im Wettlauf der unterschiedlichen Medienarten oftmals das Hintertreffen.

Wenn sie aber zum Einsatz kommen, können Audio-Clips alle radiospezifischen Darstellungsformen enthalten: einen gebauten Beitrag etwa, eine O-Ton-Collage, ein Interview oder andere Formen (siehe dazu bspw. La Roche und Buchholz 2009 sowie Wachtel 2009). Gerade auf den Webseiten öffentlich-rechtlicher Radiosender werden viele dieser Formen als einzelner Audio-Stream oder auch als Podcast zum Herunterladen angeboten. Die Archivmöglichkeiten für solche Angebote sind technisch gesehen beinahe grenzenlos, werden aber durch Rundfunkgesetze für die öffentlich-rechtlichen Radiosender eingeschränkt.

Eine mögliche Verwendung von Audio-Clips auf digitalen Plattformen ist ihre Einbindung in Interviews, die dadurch an Authentizität und Interaktivität gewinnen. Beispielsweise könnte hinter jeder textlich dargestellten Interview-Frage eine O-Ton-Antwort gestellt werden. Der wesentliche Vorteil für den Nutzer: Er kann die Fragen schneller überfliegen und sich anschließend die für ihn interessanten Antworten anhören. All das, was sonst an zu hörender Authentizität bei der Verschriftlichung eines Interviews verloren geht (Stimmlage, Sprechtempo, Gefühlsregungen usw.) kann auf diese Weise zurückgewonnen werden. Denkbar wäre hier aber auch, die Antworten nicht nur als Audio anzubieten, sondern gleich als Video (s. Abschn. 7.1: Video-Formen).

Audio-Stream

Ob analog oder digital: Wenn bei einem plötzlich eintretenden, tagesaktuellen Ereignis schnell und live berichtet werden soll, ist Audio den anderen Medienarten wie Text oder Video meist überlegen. Wenn sich beispielsweise ein Reporter kurz nach einer Tsunami-Katastrophe am Ort des Geschehens befindet, ist eine Telefonschaltung in eine live gefahrene Radiosendung „in punkto Geschwindigkeit und Authentizität kaum zu toppen" (Heijnk 2011, S. 225). Anders jedoch als bei einem terrestrisch gesendeten Audiosignal, kann ein digitaler Audio-Stream bei solchen Ereignissen nicht nur lokal (Stadtradio), regional (z. B. *WDR 2*) oder national (z. B. *Deutschlandfunk*) genutzt werden, sondern weltweit – ganz egal, wo sich ein interessierter Hörer gerade befindet.

Einige Radiosender haben neben einem mittlerweile gängigen Live-Stream auf der Internetseite auch spezielle Apps für Tablet-Computer und Smartphones entwickelt. Die *WDR*-Radio-App fürs iPad bietet beispielsweise ihren Nutzern den praktischen Mehrwert, dass mit dem Wechsel des Senders in der oberen Navigationsleiste (sechs Hörfunkwellen und drei ausschließlich digitale Kanäle) auch die jeweilige Website angezeigt wird, auf der Nutzer weitere Informationen abrufen können.[22]

Vertonter Artikeltext

Neben den Audio-spezifischen Formen gibt es auf digitalen Plattformen auch die nahe liegende Möglichkeit, Audios aus Print-Texten zu generieren. So kann beispielsweise mit der Tablet-App der *Süddeutschen Zeitung* nicht nur täglich die Streiflicht-Kolumne gelesen werden, sondern der Nutzer kann sich diese auch vorlesen lassen. In ähnlicher Weise bietet auch das Wirtschaftsmagazin *brand eins* in jeder iPad-Ausgabe einige vertonte Artikeltexte an. *Die Zeit* wirbt sogar mit einem Audio-Abo, das jede Woche 14 redaktionell ausgewählte Artikel der

---

[22] Siehe dazu die WDR-Radio-App im App Store von Apple. Kurz-URL: http://bit.ly/Ubkalt.

Wochenzeitung enthält, die von professionellen Sprechern vorgetragen werden. Nicht nur für Menschen mit Sehproblemen kann der vertonte Artikeltext auf diese Weise einen spannenden Mehrwert darstellen.

Audio-Slideshow

Eine digitale Darstellungsform, die bereits in ihrem Namen die Wichtigkeit der Audio-Komponente verraten lässt, ist die Audio-Slideshow. Da die Bildsprache jedoch trotzdem das dominantere Element bei dieser Form ist, wird die Audio-Slideshow in dieser Typologie zu den Foto-Formen gezählt, die bereits im vorigen Unterkapitel beschrieben wurden (s. Abschn. 7.1.2: Foto-Formen).

7.1.4 Video-Formen

Auch wenn das Medium Text bei den meisten journalistischen Webseiten und Apps noch immer vorherrschend ist: Vertonte Video-Bilder entsprechen am ehesten der menschlichen Alltagswahrnehmung, indem sie die Primärsinne Sehen und Hören ansprechen. Ob live in Echtzeit oder zeitversetzt, bieten digitale Video-Formen ein „Stellvertreter-Erleben". Der Nutzer wird durch sie zum „Augen- und Ohrenzeuge, kann quasi virtuell vor Ort sein und mitten im Geschehen" (Heijnk 2011, S. 233).

Dieser funktionale Vorteil gegenüber den anderen Medienarten ist wohl auch der Grund für den Siegeszug der 2005 gestarteten Video-Plattform Youtube, die mittlerweile jeden Monat von mehr als 800 Millionen einzelnen Nutzern besucht wird. Im Januar 2012 wurden bei Youtube durchschnittlich 4 Milliarden Videos pro Tag aufgerufen – Tendenz steigend. Andere Plattformen wie Vimeo – das mit seinen oft als hochwertiger angesehenen Videos so etwas wie ein Gegenentwurf zu Youtube darstellt – ziehen nach.[23]

Der Nutzer schätzt Video-Formen auf digitalen Plattformen, weil sie dort zeitunabhängig abrufbar sind und non-linear angesehen werden können. Zudem werden Videos zunehmend als Element zur interaktiven Kommunikation auf digitalen Plattformen verwendet. So bindet beispielsweise die ZDF-Talkshow „Maybritt Illner" Youtube-Videos von Zuschauern als Impulsgeber für die Live-Diskussion im Studio ein. Zuschauer können den Talk-Gästen per Video Fragen stellen oder ihre Meinung kundtun, indem sie sich selbst aufnehmen und den kurzen Video-Clip anschließend auf dem eigens dafür eingerichteten Youtube-Kanal hochladen.

---

[23] Siehe dazu die Video-Plattform Vimeo. URL: http://vimeo.com.

Beispiele wie diese zeigen: Bewegtbilder sind aus der alltäglichen Mediennutzung schlicht nicht mehr wegzudenken und spielen daher auch für das journalistische Storytelling auf digitalen Plattformen eine immer wichtigere Rolle (s. Abschn. 3.5: Video – die Qualität des Erlebens). Eindeutige Vorteile gegenüber anderen Darstellungsformen haben Video-Formen immer dann, „wenn das Visuell-Dynamische eines Geschehnisses im Originalbild besonderen Informationswert besitzt" (Heijnk 2011, S. 235).

Video-Clip

Die nächstliegende Video-Form auf digitalen Plattformen ist der kurze, bewegte Video-Clip, dessen Inhalt wiederum durch ein breites Spektrum an möglichen Darstellungsformen aus dem klassischen TV präsentiert werden kann. Da sich aber das Nachrichten-Video, der Video-Kommentar, das Erklär-Video oder das Test-Video von ihrer Machart nicht wesentlich von vergleichbaren linearen TV-Formaten unterscheiden, sollen diese hier nicht ausführlicher aufgeführt werden.[24] Alle klassischen Formen des linearen Fernsehjournalismus können im Prinzip als Video-Clip auch auf digitalen Plattformen angeboten werden. Bei vielen Video-Angeboten der Verlage mangelt es jedoch nach Einschätzung von Nauck (2012) noch an handwerklicher und ästhetischer Qualität. Mit den meisten der gängigen Web-Videos würden sich die Medienhäuser auf längere Sicht keinen Gefallen tun: „Der Inhalt leidet oft unter der schlechten Form."

Eine mögliche Verwendung von Video-Clips auf digitalen Plattformen ist auch ihre Einbindung in Interviews, die dadurch an Authentizität und Interaktivität gewinnen. Beispielsweise könnte hinter jeder textlich dargestellten Interview-Frage eine per Videokamera gefilmte Antwort gestellt werden. Der wesentliche Vorteil für den Nutzer: Er kann die Fragen schneller überfliegen und sich anschließend die für ihn interessanten Antworten im Bewegtbild ansehen. All das, was sonst an Authentizität bei der Verschriftlichung eines Interviews verloren geht (Aussehen, Gestik, Stimmlage, Sprechtempo, Gefühlsregungen usw.) kann auf diese Weise zurückgewonnen werden.

Videoblog

Neben einfachen Video-Clips entstehen auch immer wieder neue, digital-spezifische Bewegtbild-Formen. Eine von ihnen ist der Videoblog, in dem sich mehr oder weniger regelmäßig ein Blogger per Video an die Internetnutzer wendet. Im weitesten

---

[24] Lese-Tipp: Siehe dazu weiterführend bspw. Schult und Buchholz 2011; Ordolff und Wachtel 2009.

Sinne zählen zu dieser Form auch **Video-Kolumnen** wie die von *Spiegel*-Journalist Matthias Matussek bei *Spiegel Online*[25] oder **Video-Grußworte** wie jene von *Zeit*-Chefredakteur Giovanni di Lorenzo zur jeweils aktuellen, wöchentlichen *Zeit*-Ausgabe.[26] Herkömmliche, eher textbasierte Weblogs[27] werden in dieser Typologie nicht aufgeführt, da sie keine journalistische Darstellungsform im engeren Sinne sind.

Ein Beispiel für Videoblogs findet man auch auf der Website der *Tagesschau*: Dort veröffentlichen eine ganze Reihe von Auslandskorrespondenten der *ARD* ausschließlich für die Internetseite produzierte Videos, in denen sie selbst als Reporter öfters im Bild sind als üblicherweise. In wenige Minuten langen Clips erzählen sie per Videoblog von kleinen, spannenden Geschichten aus dem Alltag ihres Berichtslandes.[28]

Making-of-Video

Im linearen Fernsehen ist das Making-of bereits eine altbekannte Form, um dem Zuschauer beispielsweise Einblicke hinter die Kulissen einer Kinofilm-Produktion zu geben. Aber auch für das journalistische Storytelling auf digitalen Plattformen wird diese Form zunehmend entdeckt und ausprobiert. Beispielsweise integriert der *Spiegel* in seiner Tablet-Ausgabe bereits regelmäßig Making-of-Videos, in denen Reporter im Bewegtbild von ihren Recherchen zu einer aktuellen Geschichte erzählen – ähnlich wie es in der Printausgabe schon seit langem in der sogenannten „Hausmitteilung" gemacht wird. Der Unterschied liegt darin, dass dem audiovisuellen Making-of auf dem Tablet viel mehr Platz eingeräumt werden kann als im Printheft, um beispielsweise einen Reporter erzählen zu lassen, wie schwierig es ist, an ein Interview mit dem (mittlerweile verstorbenen) libyschen Machthaber Gaddafi zu kommen. Der Nutzer kann dem Reporter viel näher kennenlernen und bekommt einen Einblick in die redaktionellen Hintergründe – zweifelsohne ein spannender Mehrwert, der auch als zusätzlicher Kaufanreiz für ein digitales Produkt dienen kann.

Teaser-Video/Intro-Video

Was der Teaser als Schrifttext-Form leisten kann (s. Abschn. 7.1), ist auf digitalen Plattformen auch in Video-Form möglich: ein Thema anreißen und dem Nutzer

---

[25] Siehe dazu die Video-Kolumnen auf Spiegel Online. Kurz-URL: http://bit.ly/Mx14X.

[26] Siehe dazu das Grußwort auf Zeit Online. Kurz-URL: http://bit.ly/Uw3iJY.

[27] Die Bezeichnung Weblog (kurz Blog) stellt eine Wortkombination aus den englischen Wörtern Web und Log für Logbuch dar. Ein Weblog funktioniert dabei wie ein elektronisch geführtes Tagebuch, bei dem die jüngsten Einträge immer oben stehen.

[28] Siehe dazu die Video-Blogs der ARD. Kurz-URL: http://bit.ly/WKr2bP.

Lust auf mehr machen. So versucht der *Spiegel* in seiner Tablet-Ausgabe immer häufiger, mit einem Intro-Video einen nachfolgenden Artikeltext zu eröffnen – ganz ähnlich wie ein Trailer Lust auf den kompletten Kinofilm machen soll. Der Vorteil des audiovisuellen Teasers gegenüber der Text-Form liegt darin, dass er um ein Vielfaches emotionaler sein kann und den Nutzer somit noch besser in die nachfolgende Geschichte einführen kann. So hat beispielsweise die US-amerikanische Tageszeitung *USA Today* bei einem multimedialen Web-Special zum Hurricane „Katrina" mit dieser Form experimentiert: In einem knapp zwei-minütigen Prolog-Video werden Bilder der Katastrophe mit O-Tönen von Nachrichtensprechern unterlegt. Auf eindrückliche Art und Weise wird der Nutzer so in das Thema eingeführt.[29]

Video-Stream

Wie der bereits beschriebene Audio-Stream, ist auch der Video-Stream durch die immer besseren Breitbandverbindungen für die meisten Nutzer kein technisches Ärgernis mehr, sondern eine wertvolle Ergänzung auf digitalen Plattformen. Live-Sendungen sind mittlerweile selbst in HD-Qualität[30] auch über das Internet abrufbar, ohne dass der Nutzer lange Ladezeiten in Kauf nehmen muss. Eine Vielzahl an einzelnen TV-Beiträgen und kompletten Sendungen können heutzutage wie selbstverständlich über Internetseiten und Mediatheken der TV-Sender abgerufen werden. Die Digitalisierung lässt die Grenzen zwischen klassischem Fernsehen und Web-TV zunehmend verschwinden – genau wie auch die redaktionellen Grenzen. So wird beispielsweise in Hamburg die für die *Tagesschau* zuständige Fernsehredaktion ARD Aktuell schrittweise mit der Online-Redaktion von *tagesschau.de* zusammengelegt. Mit ein Grund für diese Entwicklung ist laut Sadrozinski (2012) die zunehmende Verbreitung von hybriden Fernsehgeräten, auf denen Fernsehen und Internet immer mehr zusammenwachsen. Damit einher gingen redaktionelle Herausforderungen, die ein engeres, verzahnteres Zusammenarbeiten zwischen TV- und Online-Fachleuten sinnvoll macht.

Einige TV-Sender bieten mittlerweile zudem auch spezielle Apps für Tablet-Computer an, über die auch mobile Nutzer jederzeit auf ihr Wunschprogramm

---

[29] Siehe dazu den Video-Prolog des Web-Specials „5 Years Later – Hurricane Katrina" auf USAtoday.com. Kurz-URL: http://usat.ly/bAaC7y.

[30] HD ist die Abkürzung für die englische Bezeichnung „High Definition" (= hochauflösend). Man spricht auch von HDTV – hochauflösendes Fernsehen.

zugreifen können.[31] Dabei kann der Video-Stream, der im Grunde eher eine Übertragungsart ist, auch zu einer journalistischen Darstellungsform werden: beispielsweise dann, wenn ein Livestream eines Großereignisses ausschließlich über eine App oder die Internetseite eines TV-Senders abrufbar ist und gar nicht mehr über den linearen Fernsehkanal ausgestrahlt wird.

Noch einen Schritt weiter als die beispielsweise auf einer Nachrichtenseite live gestreamte Bundestagsdebatte geht das sogenannte Internetfernsehen oder Web-TV, das seine Bewegtbild-Inhalte komplett über das Internet überträgt. Matzen (2010) stellt diesbezüglich die rhetorische Frage: „Warum einen Computer mit Bildschirm und einen Fernsehbildschirm in der Wohnung haben, wenn im digitalen Zeitalter ein Gerät beides darstellen kann?"

360 Grad-Video/3D-Video

Neben 360-Grad-Panoramen in statischer Foto-Form gibt es mittlerweile auch ähnliche Beispiele in bewegten Videobildern, bei denen der Nutzer selbstständig die Perspektive in einer Sequenz wählen kann – fast so, als würde er sich mit eigenen Augen vor Ort umschauen. Ein Beispiel für ein solches Video-Panorama stammt vom US-Nachrichtensender *CNN* zur Erdbebenkatastrophe in Haiti.[32] Der Nutzer schaut aus der Perspektive einer Kamera, die sich auf dem Dach eines Autos befindet, das sich durch die zerstörten Straßen bewegt. Während der teilweise rasanten Fahrt lässt sich die Sicht um 360 Grad drehen. Heijnk (2011) nennt solch ein 360-Grad-Format ein „immersives Video", das die Linearität des Bewegtbildes durchbricht, indem es dem Nutzer eigene Kopfbewegungen und damit individuelle Blickrichtungen ermöglicht.

Noch einen Schritt weitergedacht, könnten Videos auch zu kompletten 3D-Welten werden, in denen Nutzer Details heranzoomen und nach freiem Belieben umhergehen können – ähnlich wie in einem Computerspiel. Wenn auch mit großem Aufwand und nicht unerheblichen Kosten verbunden: Technisch sind solche Video-Sphären schon längst möglich. Wie bereits für 360-Grad-Fotos beschrieben, können auch in audiovisuellen Bewegtbild-Panoramen Hyperlinks eingebettet werden, wodurch der Nutzer beispielsweise innerhalb eines Videos von einer Sequenz zu einer anderen springen oder über einen Hotspot-Link aus dem Video zu einem anderen Medien-Element gelangen kann – etwa einem Text-Fenster, einem PDF oder einer Grafik. Die herkömmliche Linearität von

---

[31] Beispielhaft genannt seien hier die Tagesschau-App, die Mediathek-App des ZDF oder die App des Nachrichtensenders N24.

[32] Siehe dazu das 360-Grad Video auf der Website von CNN. Kurz-URL: http://bit.ly/74i05C.

Abb. 7.6 Stadtportrait von Berlin als Zeitraffer-Video (*Quelle* Screenshot)

Bewegtbild wird durch solche Interaktionsmöglichkeiten noch weiter aufgebrochen. Die Grenzen zur Multimedia-Reportage (gleich in diesem Kapitel beschrieben) sind dabei fließend.

Zeitraffer-Video

Wie ein Zeitraffer-Foto wird auch ein Timelaps-Video (engl. Zeitraffer) aus einer Serie von Einzelbildern erstellt. Das Intervall der Aufnahmen schwankt dabei je nach Art und Geschwindigkeit der Veränderung im Motiv. Nach der Aufnahme werden die einzelnen Bilder zu einem Video mit 24 oder 30 Bildern pro Sekunde zusammengefügt, wodurch der Zeitraffer-Effekt entsteht. Ein gelungenes Beispiel für ein solches Video-Format ist das nach eigenen Angaben aus über 50.000 Fotos bestehende Zeitraffer-Portrait von Matthias Makarinus über die Hauptstadt Berlin, das sich im Internet jeder auf der Video-Plattform Vimeo anschauen kann (Abb. 7.6)[33]:

---

[33] Siehe dazu das Zeitraffer-Video „Berlin Dynamic" auf Vimeo.com. URL: http://vimeo.com/28706929.

Multimedia-Reportage/Web-Doku

Viele der bisher genannten Darstellungsformen sind thematisch passend und mediengerecht umgesetzt bereits wichtige Einzelteile für ein besseres digitales Storytelling im Journalismus. Doch keine dieser Formen schöpft so aus den Vollen des multimedialen Erzählens wie die große Multimedia-Reportage, die teilweise auch Webspecial oder Web-Doku (engl. Web Documentary) genannt wird. Diese setzt sich als eine Spezialform aus vielen anderen digitalen Darstellungsformen zusammen. Ähnlich wie ein Artikeltext oder die Audio-Slideshow ist sie eine monothematische Darstellungsform, aber um ein vielfaches komplexer, dramaturgisch durchdachter und aufwändiger in der Produktion. Man könnte sie auch als Königsdisziplin des digitalen Storytelling bezeichnen. Einzelne multimediale Elemente wie Slideshows, Videos und Audios stehen bei einer komplexen Multimedia-Reportage nicht bloß „als zusätzliche Klickangebote neben einem Text, sondern sind ineinander verschachtelt, miteinander kombiniert, dramaturgisch aufeinander abgestimmt und deutlich als abgeschlossene Einheit oder gar als Website in der Website zu erkennen" (Heijnk 2011, S. 286).

Da sie verschiedenste Medienarten und journalistische Funktionen vereint, lässt die Multimedia-Reportage sich mit all ihren Elementen eigentlich nicht eindeutig einer bestimmten Gruppe von Darstellungsformen zuordnen. Weil sie sich aber oftmals gerade durch eine opulente Optik und den aufwändigen Einsatz von bewegten Video- oder auch Animationsbildern auszeichnet, soll sie in dieser Typologie zu den Video-Formen gezählt werden. Die Spannweite von Multimedia-Reportagen reicht dabei von einfachen Formen wie einem hintergründigen Artikeltext mit multimedialen Elementen und einer eigenen Introseite (beispielsweise als Titel-Geschichte einer Tablet-Magazinausgabe) bis hin zu aufwändigen multimedialen Dokumentationen, die über Monate produziert werden und deren Optik eine ganz eigene Nutzerführung mit sich bringt.

Ein viel besprochenes Beispiel für eine solche Produktion ist die von *Arte* in Auftrag gegebene Web-Dokumentation „Prison Vallay", in der es um eine amerikanische Kleinstadt im US-Bundesstaat Colorado geht, in der 13 staatliche Gefängnisse den wichtigsten Wirtschaftsfaktor darstellen.[34] Bei dieser filmisch imposant erzählten Multimedia-Reportage, die 2011 mit dem Grimme Online Award ausgezeichnet wurde, kann der Nutzer von Anfang bis Ende interaktiv bestimmen, welche Videos, Fotos, Interviews oder andere Zusatzinformationen er sehen möchte. Der zentrale Erzählfaden ist zwar linear gehalten, aber der Zuschauer hat punktuell immer wieder die Möglichkeit, selbst zu entscheiden,

---

[34] Siehe dazu die Web-Doku „Prison Valley". URL: http://prisonvalley.arte.tv/?lang=de.

wie tief er sich in die skurrile Welt der Gefängnisindustrie begeben möchte, welchen Aspekten er sich näher widmen möchte oder eben auch nicht. Zudem
wurde das Multimedia-Projekt über zahlreiche Kanäle während der Produktion
begleitet: Ein Blog spiegelt den Entstehungsprozess von den ersten Entwürfen bis
zum fertigen Produkt. In einem Forum können sich Zuschauer untereinander
über die Web-Doku austauschen und Steckbriefe der Protagonisten nachlesen.

In der Begründung der Grimme-Preis-Jury wird „Prison Vallay" als ein gelun-
gener Versuch bezeichnet, „dem Medium Film ein neues, interaktives Format zu
geben". Die Multimedia-Reportage zeige exemplarisch: „So geht Film in Internet."
Sie nehme richtungsweisend vorweg, „welche publizistischen Wege sich dem
interaktiven Fernsehjournalismus der Zukunft öffnen". Doch sind Produktionen
wie diese wirklich ein Vorbild für den digitalen Qualitätsjournalismus der
Zukunft? Sollte es mehr solcher Umsetzungen im Journalismus geben?

Die Multimedia-Experten Mohr und Bösch haben in dieser Hinsicht ihre
Zweifel und betonen, dass weniger oftmals auch mehr sein kann. Viele der
Multimedia-Specials würden vor allem dadurch punkten, dass sie besonders aufwändig produziert und neu sind, so Bösch (2012). Oftmals würden die Inhalte
aber dadurch nicht besser transportiert. Ganz im Gegenteil: Das Webspecial
„Prison Vallay" sei nach „journalistischen Handwerkskriterien in vielen Teilen
eine totale Katastrophe. Allein das Intro ist so elend lang – da steigt jeder normale Nutzer frühzeitig aus" (Bösch 2012, S. 9). Ähnlich sieht es Mohr (2012), der
sich zwar darüber freut, „wenn Leute so etwas umsetzen und damit mal Neuland
betreten". Zugleich empfiehlt er jedoch – bei aller Begeisterung – auch bei solchen
Produktionen ganz nüchtern zu hinterfragen, welchen Mehrwert sie den Nutzern
am Ende tatsächlich bringen.

Auch eine Multimedia-Reportage sollte den Nutzer demnach also nicht mit
ihrer aufwändigen Präsentation überfordern. Heijnk (2011) empfiehlt, auch bei
komplexen Produktionen nicht zu innovativ sein zu wollen, sondern überwiegend
auf bewährte Formen und eine nutzerfreundliche Navigation zu setzen – ganz
ähnlich wie es auch in den Anfangszeiten von Hörfunk und Fernsehen gewesen
sei. Spielraum für Innovationen bleibe auch dann noch genügend, „wenn vertraute Erzählmuster in neuer Weise miteinander kombiniert und dabei webtypi-
sche Dimensionen wie Interaktivität oder Dreidimensionalität genutzt werden".
Als ein herausragendes Beispiel aus dem Jahr 2012 kann hier die Multimedia-
Reportage „Snow Fall: The Avalanche at Tunnel Creek"[35] bezeichnet werden, mit

---

[35] Siehe dazu die Multimedia-Reportage der New York Times. Kurz-URL: http://nyti.ms/
YqFSYY.

Abb. 7.7 Die Multimedia-Reportage „Snow Fall: The Avalanche at Tunnel Creek" – ein Paradebeispiel dafür, welche multimedialen Potentiale das Internet für journalistisches Storytelling bietet (*Quelle* Screenshot)

der die *New York Times* in sehr geschickter Verknüpfung von Text mit Foto- und Videoelementen die Erlebnisse von Lawinen-Opfern schildert (Abb. 7.7):

7.1.5 Grafische Formen (Datenjournalismus)

Ob Bundeshaushalt, Parteispenden, Wahlumfragen oder Wikileaks-Enthüllungen: Im Netz entsteht eine neue Kultur des Aufbereitens anscheinend unüberschaubarer Informationsmassen.
                                    (Stefan Plöchinger, Chefredakteur von *Süddeutsche.de*)

Die grafische Aufbereitung von Daten ist im Prinzip ein altbewährtes journalistisches Werkzeug, wenn es darum geht, abstrakte, oftmals zahlenlastige Fakten zu vermitteln. Dabei werden in vielen Fällen grafische Elemente durch Schrifttext (beispielsweise in Form einer Legende) und Bilder ergänzt. Der wesentliche Unterschied zwischen zweidimensionalen Grafiken in Printmedien und grafischen Formen auf digitalen Plattformen liegt darin, dass letztere interaktiv und mehrschichtig gestaltet werden können. Einzelne Bestandteile der Grafik können im digitalen Storytelling zu bewegten Bildern animiert werden und als Link oder per Mouse-over-Effekt zu weiteren Informationen führen.

Zudem werden grafische Formen zunehmend dazu verwendet, umfassende Informationen aus Datenbanken in einer besser verständlichen, anschaulichen und individualisierbaren Art und Weise zu präsentieren. Aus dem Visualisieren von Daten ist ein neuer journalistischer Innovationsbereich entstanden: der sogenannte Datenjournalismus. Dessen Neuigkeit besteht darin, dass Daten nicht mehr bloß Teil der journalistischen Recherche sind, sondern für die Öffentlichkeit aufbereitet werden – teilweise so weit, dass Nutzer eigenständig Daten durchforsten und individuell auswerten können. Damit dies ohne lange redaktionelle Erklärungstexte und Ärgernisse auf Seiten der Nutzer möglich ist, kommt es laut Datenjournalist Matzat (2012) gerade bei der Aufbereitung von Daten auf die richtige Präsentationsform an, auf eine geschickte Verpackung.

Vor allem die Aufregung um Wikileaks[36] hat dazu geführt, dass Journalisten sich vermehrt um die Aufbereitung von Daten Gedanken machen – zumal viele Daten eben nicht streng geheim sind, sondern öffentlich für jeden einsehbar. Die Durchdringung und anschließende grafische Aufbereitung solcher Daten ist jedoch oftmals sehr aufwändig. Daten für sich allein ergeben noch keine gute Geschichte. Sie sind bloß Rohmaterial, aus dem Journalisten die relevanten und spannenden Aspekte sieben müssen. Erst so werden aus Daten journalistische Geschichten. Mittlerweile gibt es sogar schon ein erstes alltagspraktisches, englischsprachiges Handbuch über Datenjournalismus, das auch online und zudem kostenlos gelesen werden kann.[37]

Nachfolgend sollen jene grafischen Formen aufgeführt werden, die über das altbekannte Visualisieren von Daten (bspw. Tabellen, Kurven, Diagramme etc.) hinaus auf digitalen Plattformen möglich sind.

Infografik

Die ersten Infografiken richteten sich an Eliten: Seit dem 18. Jahrhundert dienten sie vor allem als Entscheidungshilfe für Politiker und Ökonomen. So ließ sich beispielsweise der preußische König 1820 mit Grafiken über den deutschen Länderwirrwarr informieren. Mit dem Aufkommen der ersten Massenmedien war der elitäre Charakter der Infografik aber erledigt, die Infografik wurde zu einer Print-Darstellungsform für die breite Öffentlichkeit.

Ende des 20. Jahrhunderts kam dann das Internet als modernes Massenmedium hinzu und mit ihm die Digitalisierung der Medien. Seitdem hat die klassische Infografik aus dem Printbereich neue Möglichkeiten der Gestaltung bekommen und erscheint immer häufiger in neuen digitalen Kleidern. Zwar dient sie weiterhin dazu, komplexe Sachverhalte vereinfacht und kompakt darzustellen, aber eben in neuartiger, für manche schon fast schicker Form. Die *Süddeutsche Zeitung* kürte die moderne Infografik gar zum „Medium der Stunde":

---

[36] Lese-Tipp: Siehe dazu bspw. ein entsprechendes Themenpaket bei Spiegel Online. URL: http://www.spiegel.de/thema/wikileaks/.

[37] Lese-Tipp: Siehe dazu Gray et al. 2012: The Data Journalism Handbook. URL: http://datajournalismhandbook.org/1.0/en/.

Sie scheint eine Lösung zu bieten, um der Datenmassen Herr zu werden. Was nicht zuletzt politisch wichtig werden könnte, wenn sich Phänomene wie die Liquid Democracy der Piratenpartei konkretisieren.

(Auszug aus der *Süddeutschen Zeitung* vom 30. April 2012)

In der digitalen Infografik können Daten im Vergleich zur klassischen Form noch komplexer und tiefergehender aufbereitet und zudem interaktiv dargestellt werden. Durch die neue zeitliche Dimension können auch zeitliche Abläufe simuliert werden – was vor der Digitalisierung nur im Fernsehen darstellbar war. Im Gegensatz zu den linear ausgestrahlten TV-Infografiken kann der Nutzer auf digitalen Plattformen aber selbst das Tempo bestimmen. Er kann vor- oder zurückspulen, einzelne zeitliche Abschnitte überspringen, weiterführende in die Infografik integrierte Textinhalte lesen – oder eine Pause machen. Ein herausragendes Beispiel für diese digitale Darstellungsform: die Infografik des britischen *Guardian*,[38] mit der die unterschiedlichen Rechte Homosexueller in den US-Staaten interaktiv dargestellt werden (Abb. 7.8).

Animation

Wenn Grafiken laufen lernen: Die Darstellungsform der Animation ist im Prinzip die dynamisierte Fortführung der digitalen Infografik. Heijnk (2011) bezeichnet diese aus der Verschmelzung von Grafik und Animation hervorgegangene Darstellungsform auch als „Grafimation": Lässt man sie als Nutzer etwa durch einen Start-Klick laufen, wird sie zur Animation, drückt man Stopp, wird sie wieder zur Grafik. Auf diese Weise können durch die Animation nicht nur räumliche Zusammenhänge dargestellt werden, sondern auch zeitliche Abläufe.

Dazu werden für eine Animation Bewegungsabläufe von Menschen, Objekten und Effekten nicht in Echtzeit und nicht wie bei Video-Formen gefilmt, sondern Bild für Bild künstlich hergestellt. Der wesentliche Mehrwert liegt darin, dass auf diese Weise abstrakte, mit Videos schwieriger oder gar nicht zu visualisierende Vorgänge lebhaft erklärt werden können. Heijnk (2011) gibt dazu ein sehr anschauliches Beispiel, die Animierung des Titanic-Untergangs:

Wie und warum das Passagierschiff nach der Kollision mit einem Eisberg letztlich unterging, lässt sich in der dynamischen Dimension heute nur noch nachzeichnen – eine Kamera war nicht dabei. Und selbst wenn zufällig eine Filmkamera vor Ort gewesen wäre, so hätte man nur sehen können, was oberhalb der Wasseroberfläche passiert. Dem Blick der Kamera wäre verschlossen geblieben, was im Inneren der Titanic geschah, wie der aufgerissene Rumpf erst langsam, dann immer schneller von den eiskalten Wassermassen geflutet wurde und wie das Schiff nach dem Auseinanderbrechen schließlich auf den Meeresgrund sank.

(Stefan Heijnk, 2011)

---

[38] Siehe dazu die Infografik auf der Website des Guardian. Kurz-URL: http://bit.ly/IAAyXU.

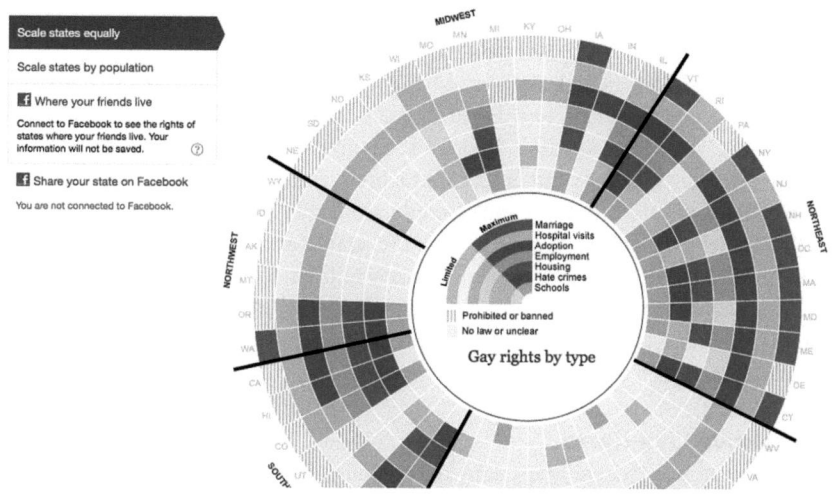

Abb. 7.8 Statt eine Landkarte einzufärben, werden bei dieser Infografik des Guardian kreisförmig angeordnete Informationsfelder verwendet, um regionale Unterschiede übersichtlich darzustellen (*Quelle* Screenshot)

Wie keine andere Darstellungsform kann eine Animation all diese Details, die zum Verständnis des Titanic-Untergangs nötig sind, auch ohne Videomaterial veranschaulichen. Genauso können abstrakte, schwer zu verbalisierende Abläufe durch eine Animation anschaulich dargestellt werden – beispielsweise die Funktionsweise des menschlichen Herzens oder das Entstehen einer Sonnenfinsternis. Wenn gewollt, kann mit einer Animation auch eine komplett virtuelle Welt erschaffen werden (Virtual Reality[39]) – oder umgekehrt: Die Alltagswelt kann um eine virtuelle Dimension erweitert werden (Augmented Reality[40]).

Eine beispielhaft gelungene Animation stammt vom *National Geographic Magazine* mit dem Titel „7 Billion". In nur drei Minuten schafft es diese Animation, die Auswirkungen einer wachsenden Weltbevölkerung anschaulich darzustellen,

---

[39] Virtual-Reality-Systeme verschaffen Nutzern den Eindruck, sie befänden sich komplett in einer realen Umgebung. Die multimedial simulierte Umgebung kann dabei ein Abbild einer realen Welt oder rein künstlich sein.

[40] Augmentend-Reality-Systeme reichern die Realität durch symbolische und graphische Informationen an.

indem beispielsweise Daten zur Population, natürlichen Ressourcen und Lebens-qualität ansprechend visualisiert werden.[41]

Animationen lassen sich dabei mit beliebigen anderen Medienformen kombi-nieren. Es können Videos und Fotos eingebettet oder auch O-Töne, Geräusche und Musik unterlegt werden. Zudem können Animationen so gestaltet sein, dass der Nutzer sie nicht nur linear betrachten, sondern interaktiv in beliebiger Reihenfolge selbst erkunden kann. Gerade auf Tablet-Computern bieten immer mehr Medien-Apps ihren Nutzern auch die spannende Möglichkeit, die räumli-che Dimension von Animationen voll auszuschöpfen. Konkret bedeutet dies, dass sich ein Objekt wie beispielsweise ein Auto oder eine Immobilie auf dem Tablet-Rechner drehen lässt. Mit ein paar Fingerbewegungen kann es im virtuellen 3D-Raum von allen Seiten betrachtet werden.

Interaktive Live-Karte

Kartendienste wie Google Maps sind mittlerweile Standard im Internet. Durch die Verknüpfung von Kartenmaterial mit aktuellen Datensätzen und interaktiven Funktionen entsteht eine ganz neue Form, die man als interaktive Live-Karte bezeich-nen könnte. Ob in Form eines Hurricane-Trackers[42] oder als Thementrend-Landkarte[43]: Animierte Echtzeit-Karten können auf faszinierende Weise die optischen Gestaltungsmöglichkeiten und die Schnelligkeit digitaler Plattformen verbinden und so den Nutzern einen unschätzbaren Mehrwert bieten. Die für interaktive Live-Karten notwendigen Informationen werden dabei über offene Programmschnittstellen aus Datenbanken eingespielt. Die permanente oder regelmäßige Live-Aktualisierung erfolgt meist dadurch, „dass einzelne Punkte einer grafischen Oberfläche in definier-ten Zeittakten neu berechnet werden" (Heijnk 2011, S. 252).

Ein Beispiel für eine interaktive Live-Karte aus einem deutschen Medienhaus ist der Zugmonitor zur Bahn-Pünktlichkeit, den die *Süddeutsche Zeitung* im März 2012 auf ihrer Internetseite veröffentlicht hat. Durch Pfeile symbolisiert, lassen sich bei dieser datenjournalistisch aufbereiteten Live-Karte wie auf einer Modellbahn-Anlage sämtliche Fernzüge der Deutschen Bahn in Echtzeit verfol-gen. Verspätete Züge werden farblich markiert: Gelb umrahmte Züge haben

---

[41] Siehe dazu die Animation „7 Billion" auf der Video-Plattform Vimeo. Kurz-URL: http:// bit.ly/GQbcJ1.

[42] Siehe dazu bspw. den Hurricane-Tracker des US-Nachrichtensenders MSNBC. Kurz-URL: http://nbcnews.to/TJ4L0Q.

[43] Siehe dazu bspw. die Google News Map. URL: http://newsmap.jp/.

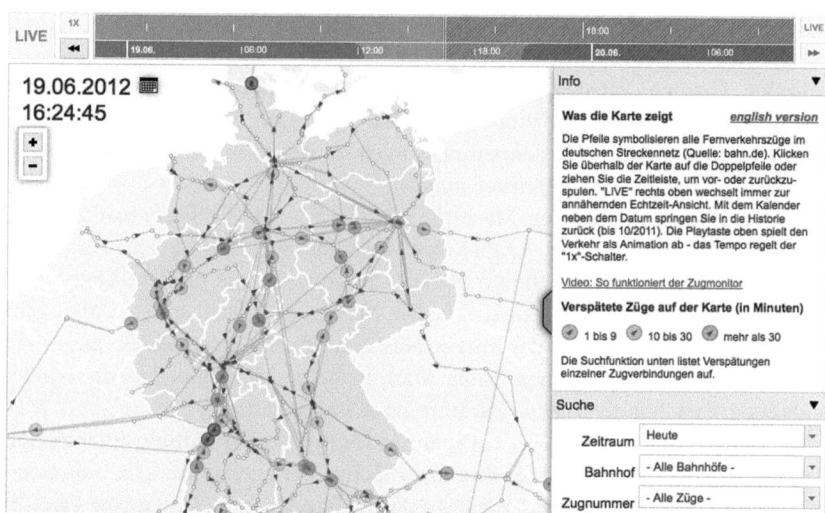

Abb. 7.9 Der interaktive Zugmonitor der Süddeutschen Zeitung (*Quelle* Screenshot)

zwischen einer und neun Minuten Verspätung, orange markierte zehn bis 30 Minuten und rot umrahmte Züge über 30 Minuten Verspätung (Abb. 7.9).[44]

Doch der Nutzer kann sich bei dieser Live-Karte nicht nur ein Gesamtbild der aktuellen Zugverspätungen machen, er kann sich auch die einzelnen Gründe für Verspätungen ansehen und zeitlich zurückgehen. Der SZ-Zugmonitor, der sich aus einer riesigen Datenbank speist, kann individuell zurückgespult und nach Verspätungen in der Vergangenheit durchsucht werden. Jeder Tag ab Oktober 2011 kann komplett rekonstruiert werden. Auf diese Weise kann durch digitales Storytelling jede Schwachstelle im Fernverkehr der Deutschen Bahn ermittelt und transparent gemacht werden.

Daten-Mashup

Im Prinzip ist der oben beispielhaft beschriebene Zugmonitor der *Süddeutschen Zeitung* bereits zu einer immer häufiger eingesetzten Form der grafischen Animation zu zählen: der Visualisierung von umfangreichen Datensätzen. Die konkrete grafische Umsetzung muss jedoch nicht immer eine animierte

---

[44] Siehe dazu den Zugmonitor der Süddeutschen Zeitung. URL: http://zugmonitor.sueddeutsche.de.

Karte sein; der visuellen Datengestaltung sind im Prinzip keine Grenzen gesetzt. Auf englischsprachigen Webseiten werden aus Datensätzen gespeiste grafische Formen oftmals „Datavis" (von engl. data visualization) oder „Daten-Mashups" (engl. mashup = Gemisch) genannt. Doch wie man solche Datenvisualisierungen auch nennen mag, auch sie stehen für eine neue journalistische Strömung: den Datenjournalismus.

Die Innovation von Daten-Mashups liegt darin, dass sie Datenbanken über offenen Programmierstellen (APIs) mit Grafikdesign verknüpfen. Auf diese Weise entstehen neue, interaktive Darstellungsformen, die größere Datensätze visuell auf das Wesentliche reduzieren. Die Menge der visualisierten Daten geht dabei in der Regel weit über das hinaus, was in normalen Infografiken dargestellt werden könnte. Zudem können Daten-Mashups so angelegt sein, dass der Nutzer sie interaktiv nach individuellen Parametern abfragen kann.

Ein Beispiel aus den USA ist ein spannendes Projekt der stiftungsfinanzierten Organisation *ProPublica*, die für ihre investigative Berichterstattung bereits zweimal den Pulitzer-Preis gewonnen hat: In das Online-Dossier „Dollars for Docs"[45] wurde ein Abfrage-Tool integriert, mit dem Nutzer anhand hinterlegter Datensätze herausfinden können, welche Ärzte sich in ihrer Umgebung in welchem Ausmaß von der Pharmaindustrie für Studien oder Vorträge haben bezahlen lassen. Die individuelle Suchanfrage wird in einer tabellarischen Übersicht angezeigt. „Diese interaktiven Datensätze erzählen nicht nur eine Geschichte, sie erzählen deine Geschichte", so Scott Klein, der für das Datenprojekt von *ProPublica* verantwortlich ist (zit. n. Langer 2012).

7.2   Funktionsorientierte Formen

Zur Gruppe der funktionsorientierten Darstellungsformen werden all jene digitalen Darstellungsformen gezählt, die sich vor allem über ihre journalistische Funktion definieren lassen. Diese können im Einzelfall zwar auch überwiegend aus einer bestimmten Medienform bestehen (wie beispielsweise eine Umfrage in den meisten Fällen hauptsächlich aus Schrifttext), definieren sich aber vor allem darüber, welche Funktion und damit welchen Mehrwert sie für den Nutzer bringen. Die folgende Tabelle gibt einen Überblick über sämtliche in dieser Typologie erfassten funktionsorientierten Darstellungsformen, die im Folgenden beschrieben werden (Tab. 7.3):

---

[45] Siehe dazu das Web-Dossier von ProPublica. URL: http://projects.propublica.org/docd ollars/.

Tab. 7.3 Funktionsorientierte Darstellungsformen im Überblick

Hypertext-Formen	Kommunikat. Formen	Echtzeit-Formen	Spielerische Formen	Aggregative Formen
Kommentierte Linkliste	diverse Formen	Live-Ticker	Umfrage	Kurative Netz-Geschichte
Interaktive Zeitleiste		Live-Blog	Quiz/ Wissens-Test	Themenpaket/ Dossier
Tag-Cloud		Öffentliche Recherche	Newsgame/ Simulation	Multiperspekt.- Geschichte
				Kollaborative Geschichte

7.2.1 Hypertext-Formen

Der wesentliche Unterschied zu textbasierten Formen in Printmedien liegt darin, dass die Textstruktur beim digitalen Storytelling maßgeblich durch Hypertext und das Arbeiten mit Modulen bestimmt wird (s. Abschn. 3.1: Hypertext und modulares Erzählen). Besondere Bedeutung kommt dabei auf digitalen Plattformen den sogenannten Mikrotexten zu, die auf weitere Inhalte verweisen: etwa Link-Titel und Kurzteaser zu weiteren Artikeltexten, Videos, Audios oder anderen Elementen, Kurzüberschriften für verknüpfte Artikeltexte, Zwischenüberschriften etc. Hypertext bietet dem Nutzer an vielen digitalen Knotenpunkten die Möglichkeit zur einfachen Interaktion – sei es die einstellbare Fortschrittsleiste eines Video- oder Audio-Players, ein Hyperlink von einem Video zum nächsten oder andere interaktive Details in der Nutzernavigation. Auf diese Weise findet sich das Hypertext-Prinzip in allen digitalen Darstellungsformen wieder. Es stellt gewissermaßen das Grundprinzip von digitalem Storytelling dar.

Zugleich eröffnet das Hypertext-Prinzip einige besondere Darstellungsformen, die das digitale Storytelling bereichern können. Teilweise könnte man die hier aufgeführten Formen auch zu anderen Gruppen der Typologie zählen (beispielsweise die interaktive Zeitleiste zu den grafischen Formen), aber sie alle haben gemein, dass eben keine spezielle Medienart, sondern Hypertext im Vordergrund steht.

Das Kernelement von Hypertext auf digitalen Plattformen ist die sogenannte „Hypertext Markup Language", kurz HTML. Diese digitale Programmiersprache ist nach wie vor von zentraler Bedeutung für die meisten Anwendungen im Internet:

HTML erlaubt die Definition von geräteunabhängigen Text- und Mediendokumenten, die verteilt im weltweiten Internet gespeichert werden können, aber durch ein einheitliches Verweissystem miteinander verbunden sind. Diese einfache Eigenschaft hat zu einem explosionsartigen Wachstum des WWW geführt, das bis heute ungebremst ist.

(Malaka et al. 2009)

Kommentierte Linkliste

Ob interne Links zur nächsten Artikeltext-Seite, zu anderen Multimedia-Elementen, Links zu älteren Beiträgen zum gleichen Thema oder externe Links zu Fremdangeboten: Die Verlinkung von Inhalten mit anderen Inhalten ist ein Grundprinzip von digitalem Storytelling im Journalismus. Eine Möglichkeit der strukturierten Sortierung solcher Hinweise sind kommentierte Linklisten, die zum Teil mit einem erheblichen Rechercheaufwand verbunden sein können. Denn jeder Link-Hinweis sollte dem Nutzer zumindest beantworten können, was die verlinkte Website oder verlinkte Unterseite bietet und wie sie als Informationsquelle einzuschätzen ist.

Interaktive Zeitleiste

Ein Zeitstrahl kann zwar grafisch aufbereitet auch in einem Printmedium erscheinen, aber nur auf digitalen Plattformen kann er dem Nutzer den Mehrwert der Interaktivität bieten. Interaktive Zeitleisten bieten dem Nutzer einen individuellen Zugang zum Thema, indem dieser sich über eine anklickbare Bilder- oder Zahlenreihe nach seinem Belieben durch die Informationen navigieren kann. Einfache Zeitleisten, an denen sogar mehrere Personen gleichzeitig arbeiten können, lassen sich beispielsweise mit dem Online-Tool Dipity[46] erstellen. Ein Beispiel für eine interaktive Zeitleiste ist die Flash-Darstellung von *Spiegel Online* zum islamistischen Terrorismus seit dem 11. September 2001. Anhand einer horizontalen Navigationsleiste kann sich der Nutzer über die bedeutendsten Anschläge seit diesem Zeitpunkt informieren. Zu jedem Anschlagsdatum findet sich in der interaktiven, chronologischen Leiste ein Foto. Klickt man es an, öffnet sich darunter ein Textfeld mit genaueren Informationen.[47] Aufwändigere Zeitleisten dieser Art könnte man aufgrund ihrer optischen Aufmachung auch zu den grafischen Formen zählen – die Übergänge zwischen den Darstellungsformen

---

[46] Siehe dazu die Website des Online-Tools Dipity. URL: http://www.dipity.com.

[47] Siehe dazu die interaktive Zeitleiste „Islamistischer Terror seit 2001" auf Spiegel Online. Kurz-URL: http://bit.ly/VfW3D5.

und ihren Gruppen sind wie immer fließend und deshalb nicht eindeutig voneinander abzugrenzen.

Die Schwierigkeit bei Formen wie der interaktiven Zeitleiste liegt für eine tages-
aktuell arbeitende Nachrichtenredaktion darin, dass sie in der Regel recht aufwändig sind und nicht so schnell wie ein Text produziert werden können. Eine mögliche
Lösung für dieses technische Problem sieht Sadrozinski (2012) in der Entwicklung
von standardisierten Tools, die man für unterschiedliche Themen immer wieder
anwenden kann, ohne dass jedes Mal neu designt und programmiert werden muss.
Ein weiterer, auch finanzieller Vorteil: Solche Tools könnten im Fall der *tagesschau.de*-
Redaktion dann innerhalb der *ARD*-Redaktionen – in denen zum Teil mit dem gleichen Content Management System gearbeitet wird – auch ausgetauscht werden.

Tag-Cloud

Auch wenn der tatsächliche Mehrwert für die Nutzer zunächst fraglich erscheint:
Wenn eine Vielzahl an Schlagwörtern (auch „Tags" genannt)[48] in überschaubarer
Weise visualisiert werden soll, bietet sich eine sogenannte Tagcloud an, die man ins
Deutsche mit „Schlagwortwolke" übersetzen könnte. Bei dieser Hypertext-Form
stehen die Schlagwörter nicht wie in vielen elektronischen Datenbanken in einer
Liste untereinander, sondern sind auf einer Fläche angeordnet. Dabei kann die
Darstellungsgröße der Schlagwörter je nach gewünschter Gewichtung variieren.

7.2.2   Kommunikative Formen

Von der technischen Interaktivität zwischen Nutzer und Computer ist jene
Interaktivität zu unterscheiden, die kommunikative Formen auf digitalen
Plattformen bieten: die soziale Interaktivität zwischen zwei oder mehreren
Menschen. Da es sich bei diesen Formen jedoch nicht im eigentlichen Sinne um
journalistische Darstellungsformen handelt, sondern eher um kommunikative
Übertragungswege oder elektronische Kommunikationsmittel, sollen sie hier nur
erwähnt und nicht näher erläutert werden. Beispielhaft genannt seien hier fol-
gende kommunikativen Formen:

- Live-Chat (zwischen Nutzern untereinander oder zwischen Mitgliedern der
  Redaktion, prominenten Gästen und Nutzern; auch per Video möglich)

---

[48] Tags sind Schlagworte, die für jeden digitalen Beitrag vergeben werden können und von
Suchmaschinen erkannt werden, wenn jemand nach diesen Schlüsselbegriffen sucht.

- Direkte Schriftkommunikation zwischen Redaktion und Nutzern per E-Mail oder Kontaktformular
- Abonnierbare Newsletter (Beispiel: *Handelsblatt* Morning Briefing)[50]
- Kommunikation in Gästebüchern, Diskussionsforen, Weblogs, Newsgroups, Wikis, Mikroblogs etc. (Aufbau einer Online-Community)
- Kommunikation über Social Networks wie Facebook oder Google+ (inkl. Empfehlungsfunktionen)
- Kommentar- und Bewertungsfunktionen bei Textartikeln und anderen Darstellungsformen
- Leserfavoriten in Form von Top-Listen (z. B. die meistgelesenen, am meisten kommentierten oder die am besten bewerteten Artikel einer Website)
- Kommunikation über den Austausch von Daten (Beispiel: der Daten-Upload der *Westdeutsche Allgemeine Zeitung*)[51]
- Leser-Kooperationen (z.B. eine kollaborative Recherche, die Nutzer miteinbezieht)

7.2.3 Echtzeit-Formen (Prozessjournalismus)

Die Schnelligkeit des Internets und die Möglichkeit der permanenten Aktualisierung von Nachrichten auf digitalen Plattformen haben neue Formen der Echtzeit-Berichterstattung mit sich gebracht. Manche von ihnen sind mit dem Begriff des „Process Journalism" (Prozessjournalismus) verbunden. Dieser bezeichnet einen Journalismus, der nicht eine letztendliche Fassung einer journalistischen Geschichte verfolgt, sondern den Prozess der Recherche abbilden und die Nutzer dabei mit einbinden soll. Die Live-Reportage ist beispielsweise eine der Echtzeit-Formen, die in diesem Abschnitt näher beschrieben werden sollen.

Eine der bereits aufgeführten Schrifttext-Formen könnte aufgrund ihres Live-Charakters ebenfalls hier aufgeführt werden: die der Mikroblogs, über die innerhalb von Sekunden kurze textbasierte Nachrichten verbreitet werden (s. Abschn. 7.1: Mikroblogs). Vor allem dank ihres bekanntesten Vertreters Twitter sind diese mittlerweile zu einem Massenphänomen der modernen Nachrichtenwelt geworden.

---

[50] Siehe dazu das entsprechende Newsletter-Angebot des Handelsblatts. Kurz-URL: http://bit.ly/W7MCo9.

[51] Siehe dazu die Webseite der WAZ zum Datenupload. URL: https://upload.derwesten-recherche.org/upload/.

Auch Chats sind meist textbasiert und zählen zu den Formen mit Live-Charakter, sollen in dieser Typologie aber mit anderen Formen unter den kommunikativen Darstellungsformen aufgeführt werden, weil der zwischenmenschliche Austausch beim Chatten das noch dominantere Charakteristikum darstellt. Im Folgenden werden also nur jene Formen aufgeführt, die sich vor allem durch ihren Live-Faktor auszeichnen.

Liveticker

Eine der bereits etablierten digitalen Darstellungsformen im Journalismus ist der sogenannte Liveticker, bei dem aktuell einlaufende Info-Happen eines Ereignisses chronologisch und rückwärts sortiert aufgeführt werden. Stefan Hauser (2010) nennt Liveticker eine „hypertextuell organisierte Form der Live-Berichterstattung, die schriftliche Kurzkommentare mit grafischen Darstellungsformen und statistisch-tabellarischen Informationen zu einem multimodalen und interaktiven Gesamtkomplex kombiniert". Vor allem zeichnet sich der Liveticker aber durch seinen Echtzeit-Charakter aus, weshalb er in dieser Typologie zu den Echtzeit-Formen gezählt wird. Der besondere Reiz des Livetickers liegt für den Nutzer darin, dass er das Gefühl bekommt, live bei einer spannenden Geschichte dabei zu sein. „Je kürzer und knackiger die Einträge, desto besser", rät Stefan Plöchinger (2011), Chefredakteur von *Süddeutsche.de.*

Kaum ein Newsportal kommt bei herausragenden Ereignissen wie beispielsweise der japanischen Tsunami-Katastrophe im Jahr 2011 mehr ohne diese schnelle und direkte Darstellungsform aus, die ihren Durchbruch vor allem der Wirtschaftskrise und der mit ihr verbundenen wechselhaften Nachrichtenlage verdankt. Denn bis dahin wurden Liveticker vor allem für die Sportberichterstattung eingesetzt – insbesondere bei Fußballspielen.

Liveblog

Eng verwandt mit der Form des Livetickers – und deshalb hier nicht genauer erklärt – ist der Liveblog, der sich durch eine stark subjektive Einfärbung unterscheidet. Plöchinger (2011) sieht ihn als ein spannendes Format an, bei dem „Autoren ihre Sicht des Geschehens wiedergeben und die nachrichtliche Ebene verlassen" können.

Öffentliche Recherche

Die Möglichkeit der permanenten Überarbeitung und Aktualisierung von Nachrichten auf digitalen Plattformen hat eine neue Echtzeit-Form mit sich gebracht, die im Englischen „Process Journalism" genannt wird. Ein solcher Prozessjournalismus geht davon aus, dass viele Geschichten kein klar definiertes

Ende haben, sondern im Prinzip immer weitergehen. Der Entstehungsprozess einer journalistischen Geschichte soll demnach transparent gemacht werden. Die Recherche einer Geschichte wird selbst zur Geschichte gemacht. Anmerkungen, Hinweise und Korrekturen durch Leser werden bei dieser Live-Form in einem konstanten Prozess mit in die Geschichte eingebunden.

Ein Beispiel für einen solchen Prozessjournalismus in einem deutschsprachigen Medium ist die Live-Reportage „Warum starb Susan Waade?" von Blogger und Journalist Michalis Pantelouris.[52] Rund zwei Wochen hat er für *Neon.de* in Griechenland den Tod einer deutschen Sängerin recherchiert und seine Arbeit permanent im Internet dokumentiert. Seine Idee dahinter: „Ich wollte eine Live-Reportage im Internet schreiben (…). Alles, was ich herausfinde, schreibe ich auf und stelle es mit meinen recherchierten Dokumenten ins Netz. Die Leser können es kommentieren, und ihre Anmerkungen fließen in meine Arbeit ein." (zit. n. Geißler 2012)

In eine ähnliche Richtung wie diese Live-Reportage geht auch die Form der öffentlichen Recherche, an der sich Johannes Boie versucht hat.[53] In einem Weblog machte der *SZ*-Journalist seine komplette Recherche über die Gangs von Los Angeles transparent. Im Rückblick schreibt er über das Projekt:

> *Mein Ziel war es, die Leser an alle Orte und zu allen Menschen mitzunehmen, die ich im Rahmen meiner Recherche besuchen würde. In einer Reportage – dem Endprodukt einer Recherche – werden Szenen und Gespräche gezielt ausgewählt, weggelassen, nach einem dramaturgischen Plan angeordnet. Das macht Spaß und im Endergebnis entsteht dabei (hoffentlich) ein toller Text – aber der Leser erfährt dann nicht, woher welche Information stammt und welche Dinge bewusst weggelassen wurden. Mit der öffentlichen Recherche wollte ich die Arbeit hinter der Reportage dokumentieren.*
>
> (Johannes Boie, 2010)

7.2.4 Spielerische Formen

Wie im fünften Kapitel bereits beschrieben wurde, eignen sich spielerische Elemente hervorragend zur Wissensvermittlung. Auch im Journalismus haben sie bereits eine längere Tradition – beispielsweise in Form von Rätseln, Cartoons oder Wissensspielen, die mit tagesaktuellen Inhalten angereichert werden. Aber

---

[52] Siehe dazu die Schilderungen von Pantelouris auf Neon.de. Kurz-URL: http://bit.ly/UeovnY.

[53] Siehe dazu Boie 2010: „Where are you from?" – Öffentliche Recherche zu den Gangs von Los Angeles. In: Schaltzentrale [Weblog der Süddeutschen Zeitung], 11.08.2010. Kurz-URL: http://bit.ly/cv7JMk.

können spielerische Formen neben einer unterhaltenden Funktion auch bei „harten" Themen angewendet werden? Sind sie auch mit seriösem Nachrichten-Journalismus vereinbar?

Der Journalist und Dozent Marcus Bösch (2012) beschäftigt sich schon seit einigen Jahren intensiv mit „Newsgames" und sieht den wesentlichen Mehrwert von journalistischen Spielen darin, dass sie den Nutzer eine Nachricht gewissermaßen *erfahren* lassen. Gerade systemische Zusammenhänge könnten beispielsweise in Form einer spielerischen Simulation viel besser vermittelt werden als durch andere Formate – in einer immer schneller, komplexer und verschachtelter werdenden Nachrichtenwelt eine wichtige Aufgabe von Journalisten.

Ein Nachteil spielerischer Formen besteht darin, dass der Nutzer in der Regel viel Zeit für sie mitbringen muss, damit sich die Simulationsidee überhaupt entfalten kann. Zudem sind Newsgames kaum im tagesaktuellen Geschäft zu produzieren und verursachen bei einem aufwändigen Design hohe Herstellungskosten. Manchmal könnten aber auch schon einfach produzierte Spielideen zünden, wie Bösch (2012) an dem populären Computerspiel „Tetris" verdeutlicht: „Das ist grafisch Murks", so der Multimedia-Journalist, „und trotzdem verbringen Leute Stunden damit, weil der Spielmechanismus stark ist."

Auch journalistische Angebote können manchmal schon durch ganz kleine, einfache Spiel-Formen digital aufgewertet werden. Ein Beispiel: die Interview-Serie „Sagen Sie jetzt nichts" zu Beginn jedes *Süddeutsche Zeitung Magazins* – eine Rubrik, „bei der Prominenten Fragen gestellt werden, die sie nicht mit Worten, sondern mit Gesten und Gesichtern beantworten" (Luef 2012, S. 6). Während der Leser des gedruckten Heftes zu jeder Frage gleich das entsprechende Antwort-Foto sieht, muss der Nutzer der Tablet-App des Magazins erst per Fingertipp eine virtuelle Memory-Karte umdrehen, um das Bild des Prominenten zu sehen.[54] Auf diese Weise, so erklärt der für die App zuständige Redakteur Luef (2012), würde eine zusätzliche interaktive Ebene zwischen die Frage und das auflösende Bild gezogen. Der Leser könne noch einen kurzen Moment innehalten und sich Gedanken machen, wie die Geste wohl aussehen mag.

Das Beispiel dieser Magazin-Rubrik ist nur eines von unzähligen anderen, wie Nutzer auf digitalen Plattformen spielerisch in die Informationsvermittlung eingebunden werden können. Oft kann jedoch nicht gleich von einer eigenen journalistischen Darstellungsform gesprochen werden. Deshalb sollen im Folgenden nur jene Formen einzeln aufgeführt werden, die sich klar als eine Kategorie

---

[54] Siehe dazu die iPad-Ausgabe des Süddeutsche Zeitung Magazins. URL: http://sz-magazin. sueddeutsche.de/ipad/.

spielerischer Formen abgrenzen lassen und einen Mehrwert jenseits der bloßen Medien-Unterhaltung bieten.

Umfrage

Eine auf digitalen Geräten mögliche spielerische Form der Nutzerbeteiligung stellt die Umfrage dar, die mittlerweile auch immer häufiger in sozialen Netzwerken wie Facebook zu finden ist. Die Fragen an die Nutzer sollten dabei möglichst eindeutig formuliert und keinesfalls suggestiv sein. Oftmals bieten sich auch geschlossene Fragen an, so dass der Nutzer nur mit einem klaren „Ja", „Nein" oder „Ich weiß nicht" antworten kann. Bei manchen Themen können aber auch originelle Antworten den besonderen Charme einer Umfrage ausmachen und damit umso mehr zum Mitmachen animieren. Da die meisten Umfragen im Tagesgeschäft keinen repräsentativen Charakter haben, sollte der Nutzer darauf hingewiesen werden, sobald die Antwort-Ergebnisse in die Berichterstattung integriert werden.

Die Darstellung der Ergebnisse einer Umfrage kann auf konventionelle, aber auch auf ganz neuartige Weise umgesetzt werden. So hat beispielsweise die *Süddeutsche Zeitung* auf ihrer Website vor dem entsprechenden Bürgerentscheid über die Sinnhaftigkeit einer neuen Münchener Start-und-Landebahn abstimmen lassen und die Ergebnisse der Umfrage in eine interaktive Karte fließen lassen. Rund 6500 Menschen haben sich mit ihrer Postleitzahl und ihrem Votum an der Umfrage beteiligt. Durch die Darstellung ihrer Meinung in einer interaktiven Karte kann jeder Nutzer einsehen, wie Teile der Bevölkerung in welcher Region in und außerhalb von München über die Flughafen-Debatte denken.

Eine besondere Form der Umfrage stellt auch der sogenannte Wahl-O-Mat dar, der seit 2002 von der Bundeszentrale für politische Bildung regelmäßig angeboten wird und mittlerweile eine etablierte digitale Darstellungsform im Vorfeld von Wahlen darstellt. Es handelt sich dabei um ein Frage-Antwort-Tool, das dem Nutzer zeigen soll, welche zu einer Wahl zugelassene Partei den eigenen politischen Positionen am nächsten steht. Vor Landtags- oder Bundestagswahlen wird dieses Tool der Bundeszentrale für politische Bildung mittlerweile auf vielen großen Nachrichtenseiten integriert. Eine abgewandelte Form dieses Tools bot der sogenannte Bank-O-Mat auf der Website der Wirtschaftszeitung *Handelsblatt*, bei dem der Nutzer testen kann, welcher Typ Bankvorstand er wäre.[55]

---

[55] Siehe dazu den Bank-O-Mat bei Handelsblatt Online. Kurz-URL: http://bit.ly/JjPav9.

Quiz/Wissens-Test

Im Onlinejournalismus bereits oft verwendete spielerische Darstellungsformen sind das Quiz und der artverwandte Wissens-Test, die natürlich nicht nur auf Webseiten, sondern auch auf anderen digitalen Plattformen wie Tablets oder Smartphones funktionieren. Quiz-Formate eignen sich jedoch nicht bloß bei bunten, unterhaltenden Themen wie etwa dem Eurovision Song Contest oder für Fragen rund um die Fußball-WM, sondern durchaus auch für harte, politische Themen. Wie das praktisch aussehen kann? Beispielsweise könnte ein neues Kabinett per digitalem Memoryspiel vorgestellt werden, indem die Portraits der Politiker vom Nutzer wie in einem Quiz den verschiedenen Ministerien zugeordnet werden müssen.

Durch eine solche Darstellung kann möglicherweise bewirkt werden, dass bei dem einen oder anderen Nutzer mehr Politikernamen hängen bleiben, als wenn diese bloß in einfacher Text-Form untereinander aufgeführt werden. Denn wie sicher jeder noch aus Schulzeiten weiß: Wer mit Spaß lernt, kann das Gelernte später oftmals besser in Erinnerung rufen, als wenn alles nur wie graue Theorie erscheint.

Newsgame/Simulation

Newsgames bzw. interaktive Simulationen sind der Versuch, auf spielerische Art und Weise real existierende Zusammenhänge in einem interaktiven Szenario zu spiegeln, wie es beispielsweise das bereits erwähnte UN-Newsgame „Food Force" schafft (s. Abschn. 5.2: „Digital Storytelling" als Lernmethode). Im englischsprachigen Raum werden sie deshalb auch als „Serious Games" bezeichnet.

Ein eindrucksvolles Beispiel für diese digitale Darstellungsform ist das von einer kanadischen Produktionsfirma produzierte Newsgame „Inside the Haiti Earthquake", das auf einer Dokumentation beruht, in der die Arbeit des Roten Kreuzes nach dem Erdbeben im Januar 2010 in Haiti filmisch begleitet wird.[56] In dem dazugehörigen Newsgame kann der Nutzer wahlweise in die Rolle eines Erdbeben-Opfers (man sucht Essen), eines Hilfswerk-Mitarbeiters (man versucht zu helfen) oder eines Journalisten (man berichtet über das Unglück) schlüpfen (Abb. 7.10).

Durch diese Form der Simulation kann ein realer Nachrichtenvorgang unter Umständen besser in das Bewusstsein des Nutzers gebracht werden als durch klassische Darstellungsformen. Zwar wird niemand, „der nicht selbst vor Ort war, nachvollziehen können, was es heißt, in solch einer Situation Entscheidungen

---

[56] Siehe dazu das Newsgame auf der Seite der dazugehörigen Dokumentation „Inside Disaster". URL: http://insidedisaster.com/haiti/experience.

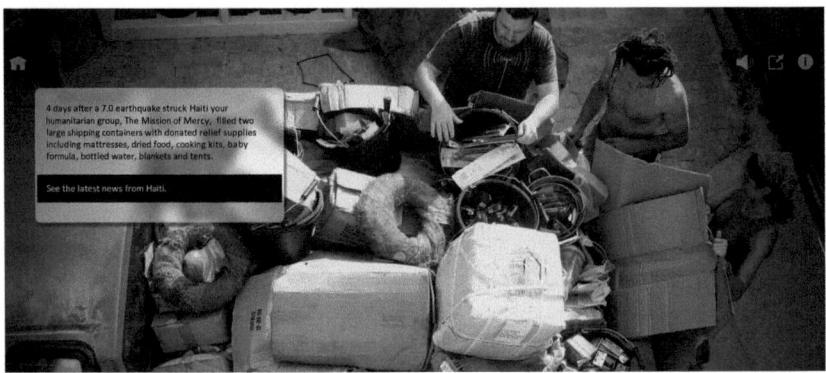

Abb. 7.10 Die Sicht des Hilfswerk-Mitarbeiters in dem interaktiven Newsgame "Inside the Haiti Earthquake" (*Quelle* Screenshot)

treffen zu müssen. Dennoch wird diese Katastrophe mit dem Spiel greifbarer." (Kögler 2011)

Außerhalb des Journalismus sind seriöse Nachrichtenspiele dieser Art im Prinzip schon ein bewährtes Mittel, um ernsthafte Inhalte auf spielerische Weise zu vermitteln. Das Spektrum solcher „Serious Games", die sich wiederum in zahlreiche Subgenres aufteilen lassen, reicht von klassischen Lernspielen, die vor allem in Schulen Verwendung finden, bis zu speziellen Simulationen für Piloten.

Im Journalismus tauchen solche Formen hingegen bisher nur vereinzelt auf, obwohl es zahlreiche Anwendungsmöglichkeiten gäbe. Nach Meinung von Matzat (2012) würden Medienhäuser bei vielen Themen die Chance auf ein besseres journalistisches Storytelling verpassen – gerade dann, wenn es um die Darstellung von komplexen Zusammenhängen geht. Beispielhaft nennt der Datenjournalist die Berichterstattung zu dem umstrittenen Bahnhofsprojekt „Stuttgart 21", bei der er sich gewundert habe, warum eigentlich kein Medienhaus eine Simulation erstellt hat, um „einfach mal zu verdeutlichen, was die da eigentlich machen bei einem solchen Stresstest" (Matzat 2012, S. 16). Durch eine Simulation hätte der Nutzer laut Matzat (2012) auf spielerische Art und Weise erfahren können, was es konkret für Folgen hat, „wenn etwa 40 statt 20 Züge pro Stunde durch den Stuttgarter Bahnhof fahren".

Newsgames können zudem auch auf spannende Weise mit datenjournalistischen Anwendungen kombiniert werden, wie ein Beispiel der *New York Times* zeigt: Unter dem Slogan „You Fix the Budget" kann sich jeder Nutzer auf der

Website der US-Zeitung dem Haushaltsproblem der USA annehmen. Das Newsgame bietet die Möglichkeit, in einer spielerischen Form mit Zahlen zu jonglieren, indem der Nutzer bestimmte Ausgabeposten streichen, aber auch neue Steuern erheben kann, um das Staatsdefizit in den Griff zu bekommen.[57] Auf diese Weise wird dem Nutzer in innovativer Weise vermittelt, wie schwierig es für eine Regierung sein kann, Staatsschulden abzubauen, ohne dabei durch Streichungen und höhere Steuern den Ärger der Bürger auf sich zu ziehen.

Charakteristisch für alle Newsgames ist, dass das journalistische Endprodukt erst durch den Nutzer entsteht. Erst durch seine virtuellen Handlungen wird der Verlauf der Spiel-Geschichte entschieden, erst durch seine Art, das Spiel zu spielen, wird es zu einer Darstellungsform. Im besten Fall kann durch ein Newsgame bewirkt werden, dass der Nutzer einen „völlig neuen Zugang zur Realität" (Martens 2011, S. 71) erreicht.

7.2.5 Aggregative/kurative Formen

Die Zeitung der Zukunft zeigt nicht den Informationsfluss, sondern die Ufer.
(Giovanni di Lorenzo, Chefredakteur *Die Zeit*)

Diese Schublade digitaler Darstellungsformen wird gemeinsam mit jener der spielerischen Formen wohl noch am wenigsten ausgereizt. Dabei bieten aggregative und kurative Darstellungsformen äußerst spannende und Mehrwert schaffende Möglichkeiten für die redaktionelle Praxis im Internetzeitalter. Denn mit dem Siegeszug des World Wide Webs verlieren Journalisten zunehmend ihre Deutungshoheit. Längst beziehen Redaktionen ihre tagesaktuellen Nachrichten nicht mehr bloß von Agenturen und hauseigenen Korrespondenten. Im Netz kann theoretisch jeder seine Sicht der Dinge publizieren, ohne dass er dafür die Legitimation einer Redaktion braucht. Deshalb wird es in Zukunft immer wichtiger sein, dass Journalisten die wachsende Informationsflut für die Nutzer digitaler Plattformen filtern und jene Perlen herausfischen, die wirklich von Bedeutung sind. Der Journalist wird mehr und mehr zu einem Kurator von Informationen. Neue Formen des digitalen Storytellings entstehen, von denen nachfolgend einige beispielhaft beschrieben werden sollen.

---

[57] Siehe dazu das Newsgame „Budget Puzzle" auf der Website der New York Times. Kurz-URL: http://nyti.ms/bLo4RF.

Kurative Netz-Geschichte

Die tagtägliche Informationsflut im Internet stellt viele Journalisten vor immer größere Herausforderungen. Neue und an Relevanz gewinnende Nachrichtenkanäle wie Twitter, Blogs oder soziale Netzwerke bringen es mit sich, dass Journalisten immer mehr Informationen sammeln, sichten, einordnen und aufbereiten müssen. Nur in welcher Form ist das am sinnvollsten? Wie sollen die unzähligen, oftmals unübersichtlichen, teilweise widersprüchlichen Informationen am besten für die Nutzer aufbereitet werden?

Eine spannende Möglichkeit des Kuratierens bieten hier Tools wie beispielsweise Storify, das mit dem Slogan „Create social stories" wirbt.[58] Mit diesem digitalen Werkzeug, das auch von immer mehr deutschen Medien eingesetzt wird, lassen sich verschiedene digitale Informationsquellen für den Nutzer bündeln und in neuer gesammelter Form übersichtlich darstellen. Mit Diensten wie Storify lassen sich auf journalistischen Webseiten kurative Geschichten in die Berichterstattung einbetten, die sich beispielsweise aus Tweets, Statusmeldungen aus Facebook, Youtube-Videos, Flickr-Fotos und Google-News zusammensetzen. Gerade bei aktuellen, sich überschlagenden Nachrichtenlagen (beispielsweise bei einem Terror-Anschlag oder einer Tsunami-Katastrophe) bietet sich diese Darstellungsform an. Ähnlich wie ein Live-Ticker kann die kurative Netz-Geschichte zudem auch im Rahmen der Echtzeit-Berichterstattung eingesetzt werden. Anders als kommentierte Linklisten und Live-Ticker können mit kurativen Formen die Quellen direkt abgebildet werden. Der Journalist lässt das Netz gewissermaßen selbst für sich erzählen, kann aber durch Kommentare jederzeit in die Berichterstattung eingreifen und für den Nutzer die unterschiedlichen Quellen bewerten und einordnen.

Themenpaket/Dossier

Die fast unbegrenzte Speichermöglichkeit digitaler Plattformen ermöglicht es, dass ältere und aktuelle Beiträge zu einem Thema fortlaufend zu einem Themenpaket oder Themen-Dossier gebündelt werden können, die Heijnk (2011) als „nichts anderes als im Web veröffentlichte, ständig aktuell gehaltene Artikelkonglomerate für tiefergehende Informationsverlangen" bezeichnet. Ein weit verbreitetes Prinzip: Ein aktueller Artikeltext wird via Hyperlinks mit den zum gleichen Thema bereits publizierten Beiträgen verknüpft. Der wesentliche Vorteil gegenüber den klassischen Medien ist, dass Themenpakete bzw.

---

[58] Siehe dazu die Website des Online-Tools Storify. URL: http://storify.com.

Dossiers ohne Zeitbegrenzung für die Nutzer abrufbar sind und bei aktuellen Entwicklungen jederzeit ausgebaut werden können.

Wichtig für die Übersichtlichkeit eines Themenpakets ist, dass es entweder klar chronologisch oder inhaltlich schlüssig aufgebaut ist. Bei einem besonders umfangreichen Themenpaket – in der Praxis oftmals auch als Dossier bezeichnet – sollte neben nutzerfreundlichen Link- und Navigationsstrukturen auch über eine Neugier schaffende Dramaturgie nachgedacht werden – ob durch zusätzliche Teaser, eine besondere Foto-Optik oder andere Mittel.

Multiperspektiven-Geschichte

Nicht selten kommt es in der journalistischen Praxis vor, dass eine Redaktion möglichst schnell eine strittige Frage oder ein Ereignis mit unklarem Hergang aufbereiten muss – noch weit bevor überhaupt genaue Hintergründe und abschließende Antworten gefunden sind. In diesem Fall bietet sich für das digitale Storytelling eine neuartige Darstellungsform an, die Heijnk (2011) als Multiperspektiven-Story bezeichnet.

Bei dieser Form werden einzelne Aspekte eines Themas inhaltlich und optisch an einem Ort gebündelt und in eine non-lineare Beziehung zueinander gesetzt. Unterschiedliche Perspektiven der jeweils beteiligten Protagonisten können auf diese Weise im Originalton skizziert, rekonstruiert oder dokumentiert werden – beispielsweise bei einem Großereignis mit vielen Besuchern oder bei einer Katastrophe mit vielen Augenzeugen (Abb. 7.11).

Beispiele wie „Inside 9/11"[59] bieten durch die mosaikartige Sammlung unterschiedlichster Eindrücke zu einem Thema dem Nutzer einen ganz besonderen Mehrwert: den non-linearen, multiperspektivischen Zugang. Vor allem bei besonders kontroversen, facettenreichen Themen bietet sich die Wahl der Multiperspektiven-Geschichte an. Der herausragende Mehrwert liegt in der interaktiven Dimension: Die Nutzer werden über die Auswahlmöglichkeiten in die Darstellungsform involviert und können dann dort dem jeweiligen Gedankengang oder Teilaspekt der großen Geschichte folgen.

Wie bei kaum einer anderen digitalen Darstellungsform kann der Nutzer bei der Multiperspektiven-Geschichte unterschiedliche Eindrücke und Meinungen erfahren und sich damit quasi selbst auf eine digitale Recherche-Reise begeben, sich selbst ein umfassendes Bild machen. Der genauen Nutzerführung durch eine solche interaktive Geschichte und dem Rahmen gebenden Layout sind dabei keine Grenzen gesetzt.

---

[59] Siehe dazu die Multiperspektiven-Geschichte von National Geographic. Kurz-URL: http://on.natgeo.com/X40QNk.

Abb. 7.11 Die Zeitschrift National Geographic hat auf ihrer Website Zeitzeugenberichte zu den Anschlägen am 11. September 2011 in einer interaktiven Multiperspektiven-Geschichte gesammelt (*Quelle* Screenshot)

Kollaborative Geschichte

Zu den journalistischen Trends im Internet, die sich vor allem seit der Verbreitung des Social Webs noch verstärkt haben, gehört auch das zunehmende Verschwimmen der Grenze zwischen Rezipienten auf der einen Seite und Journalisten auf der anderen Seite. Partizipativer Bürgerjournalismus ist nicht mehr bloß in alternativen Zeitungen, freien Radios oder Öffentlichen Kanälen möglich: Im Internet kann jeder veröffentlichen und beispielsweise über seinen Weblog, per Facebook oder Twitter am öffentlichen Diskurs teilnehmen. Darüber hinaus bilden sich jedoch auch ganz neue kollaborative Formen zwischen Redaktionen und Rezipienten.

Ein Beispiel ist das im Englischen als Crowd Sourcing bezeichnete Einbeziehen von Nutzern in die Recherche. Die britische Tageszeitung *The Guardian* hat mit dieser neuen Form bereits 2009 erfolgreich experimentiert, indem sie ihren Nutzern im Rahmen des Spesenskandals britischer Parlamentsabgeordneter Einsicht in ein 458.832 Seiten dickes Dokument gewährte. Die Idee: Interessierte Nutzer bekommen auf einer bestimmten Unterseite des Webauftritts der Zeitung[60] per Zufallsgenerator eine Spesenabrechnung angezeigt, die sie dann bewerten sollen: Lohnt es sich, diesem Dokument weiter nachzugehen? Oder ist die Abrechnung uninteressant? Klickt ein Nutzer auf den „Investigate this!"-Button,

---

[60] Siehe dazu die entsprechende Seite des Online-Auftritts des Guardian. URL: http://mps-expenses.guardian.co.uk/.

wird das Dokument von der *Guardian*-Redaktion genauer geprüft. Bis Juni 2012 haben sich auf diese Weise über 33.000 Nutzer an dem Projekt beteiligt und rund 226.000 Dokumente bewertet. Das Ergebnis der Zusammenarbeit zwischen Bürgern und Journalisten: Die *Guardian*-Redaktion entdeckte zahlreiche überhöhte Spesenabrechnungen; mehrere Abgeordnete und selbst einige Minister traten zurück.

Projekte wie das vom *Guardian* zeigen: Gerade in Verbindung mit Datenjournalismus können kollaborative Formen einen journalistischen Mehrwert schaffen, der vor der Erfindung des Internets nicht denkbar gewesen wäre.

Und jetzt? Ein Fazit

8

Alles Wissen und alle Vermehrung unseres Wissens endet
nicht mit einem Schlusspunkt, sondern mit Fragezeichen.
(Hermann Hesse, 1877–1962)

Zusammenfassung

Im letzten Kapitel wird ein abschließendes Fazit gezogen. Wesentliche Erkenntnisse aus den vorherigen Buchkapiteln werden zusammengefasst und mit einem Ausblick verbunden, welche Chancen digitales Storytelling für den Journalismus bietet.

Wie mit der Lektüre dieses Buchs hoffentlich deutlich geworden ist, stellen qualitativ hochwertiger Journalismus und multimediales Storytelling keine Gegenpole dar. Ganz im Gegenteil: Sie bedingen sich auf digitalen Plattformen geradezu gegenseitig. Denn der klassische Qualitätsjournalismus aus Print, Fernsehen oder Radio braucht neue Formen der Darstellung und Verbreitung, um weiterhin von einer großen Nutzerzahl wahrgenommen zu werden, um gesellschaftlich relevant zu bleiben. Moderner Qualitätsjournalismus muss sich an die geänderten Nutzungsbedingungen und neuen Erwartungen von Nutzergenerationen anpassen, die wie selbstverständlich mit dem Computer und neuen mobilen Endgeräten wie Tablets oder Smartphones aufwachsen.

Andersherum ist jede multimediale Verpackung wertlos, wenn der Inhalt nicht durch Qualität überzeugt. Bei allen digitalen Umbrüchen haben sich die wesentlichen Kriterien für journalistische Qualität nicht verändert – beispielsweise eine originelle Recherche, redaktionelle Unabhängigkeit, Informationstiefe oder eine geschickte Dramaturgie. Es hat sich gezeigt, dass diese einzelnen Komponenten bei aller Multimedialität auch auf digitalen Plattformen immer

S. Sturm, *Digitales Storytelling*, DOI: 10.1007/978-3-658-02013-2_8,
© Springer Fachmedien Wiesbaden 2013

in einer guten Geschichte verpackt sein sollten, die den Nutzer neugierig macht. Eine gute Geschichte ist und bleibt für den Journalisten das, was für den Koch das sprichwörtliche Salz in der Suppe ist: die wichtigste Grundlage für einen guten Geschmack.

Zu den grundlegenden Handwerksregeln kommt im digitalen Zeitalter jedoch eine wesentliche neue Herausforderung für Journalisten hinzu: Es reicht nicht mehr wie früher nur in einem Medium zuhause zu sein, nur Print, Fernsehen oder Radio zu denken. Auf digitalen Plattformen müssen journalistische Geschichten medienübergreifend verstanden, recherchiert und umgesetzt werden. Hier haben Verlage und Rundfunkanstalten noch längst nicht das Potenzial ausgereizt, das ihnen digitales Storytelling bietet. Multimediale Elemente aus Videos, Fotos oder Grafiken sollten nicht nur als Ergänzung zu einem Text verstanden werden, sondern von Anfang an in die Recherche und in die Umsetzung integriert werden. Viel zu oft wird aber noch immer ein Text recherchiert und geschrieben, um dann im letzten Schritt noch schnell ein, zwei passende Fotos einzubauen und vielleicht noch ein mittelprächtiges Agentur-Video oder einen passenden TV-Beitrag zu verlinken.

Dabei könnten gerade öffentlich-rechtliche Sender noch viel mehr aus ihrer Bewegtbild-Kompetenz machen und ganz neue Formen des digitalen Storytellings voranbringen. Sie könnten beispielsweise längere Reportagen und Dokumentationen oder investigative Magazinbeiträge von Beginn der Recherche an nicht bloß für die lineare TV-Ausstrahlung konzipieren, sondern auch für eine webgerechte Darstellung, über die der Nutzer sich vielleicht schon vor, in jedem Fall aber nach der Ausstrahlung weiter zu einem Thema informieren, sich mit der Redaktion und anderen Nutzern austauschen kann. Die Protagonisten könnten in einer Foto-Slideshow genauer vorgestellt werden, der Reporter könnte im Video von den Schwierigkeiten der Recherche erzählen und so Einblick in seine Arbeit geben. In einer interaktiven Zeitleiste könnten komplexe Abläufe nochmals in Ruhe zeitlich nachvollzogen werden. Geführte Interviews könnten über die verwendeten O-Töne hinaus in einer längeren Version zugänglich gemacht werden. Über eine interaktive Grafik oder einen ergänzenden Hintergrundtext könnten die Aspekte abgebildet werden, die im Bewegtbild nur schlecht zu vermitteln sind. Ein Thema würde nach der Ausstrahlung nicht mehr so schnell verpuffen wie heute, sondern könnte digital weitergeführt und ausgebaut werden. Nachhaltigen Journalismus oder Prozessjournalismus könnte man das nennen. Doch was heißen diese neuen Perspektiven für angehende Journalisten?

Auch im digitalen Medienzeitalter braucht es sicher weiterhin ausgewiesene Spezialisten für bestimmte Medienarten und Themen, zugleich wurde aber im Laufe dieser Einführung auch deutlich, dass heute jeder Journalist zumindest ein Grundverständnis dafür mitbringen sollte, wann welches Medium sinnvoll eingesetzt werden kann und wann nicht. Denn jedes Medium hat seine ganz eigenen Stärken, aber eben auch Schwächen, die je nach Thema ausgelotet werden müssen: Wann ist eine reine Text-Form sinnvoll? Wann eine Kombination mit Video- oder Foto-Formen? Wann sollte eine grafische Form die Geschichte ergänzen? Und wie kann der Nutzer dabei interaktiv eingebunden werden? Wenn diese Fragen in der täglichen Redaktionspraxis gestellt und praktisch weitergedacht werden, entstehen mit ein bisschen Experimentierfreude fast von selbst ganz neue Möglichkeiten des journalistischen Storytellings, die noch längst nicht ausgereizt sind – auch wenn sich einige Verlage bereits an neue Erzählweisen auf Tablet-Computern herangewagt haben und zunehmend neue Formate und Formen ausprobieren.

Am Ende dieses Buches wurde der Versuch unternommen, die auf digitalen Plattformen neu entstehenden Darstellungsformen in einer Typologie zu erfassen. Dabei hat sich die Unterteilung in mediumorientierte und funktionsorientierte Darstellungsformen sowie die weitere Unterteilung in Gruppen von Darstellungsformen als praktikabel und sinnvoll erwiesen. Jede neue Darstellungsform, die in den kommenden Jahren noch dazukommen wird, kann im Prinzip in diese Typologie mit aufgenommen werden – auch wenn die Grenzen zwischen den Formen nicht immer eindeutig sind. Aber auch das gehört zum integrativen, multimedialen Charakter digitaler Darstellungsformen.

Neue mobile Endgeräte – und hier vor allem der Tablet-Computer – werden die aktuelle Entwicklung neuer Darstellungsformen noch weiter beschleunigen. Nicht bloß, weil auf ihnen die Verknüpfung multimedialer Elemente in optisch und navigatorisch besonders ansprechender Weise möglich ist, sondern vor allem deshalb, weil Nutzer dort eine andere Darstellung von Inhalten erwarten als in den klassischen Medien. Wie diese Darstellung im Detail aussehen muss, ist je nach Medienmarke unterschiedlich und wird sich in den kommenden Jahren am Erfolg oder Misserfolg von Verlagen, Sendern und anderen Medienakteuren zeigen. Eine sichere Erfolgsformel für den Multimedia-Journalismus der Zukunft ist noch nicht gefunden.

Immer sicherer zeichnet sich jedoch ab: Eine schlicht eins zu eins auf das Tablet übertragene Zeitung oder Zeitschrift wird auf lange Sicht wohl für kaum einen Verlag mehr ein Verkaufsargument sein, das einen multimedial geprägten Konsumenten überzeugt. Die neue mobile Geräteklasse zwingt die Medienhäuser mehr und mehr zu einer anderen Aufbereitung journalistischer Geschichten und einer neuartigen Nutzerführung durch Informationen – allein schon durch die Gesten-Steuerung auf berührungsempfindlichen Bildschirmen, die ebenfalls in diesem Buch beschrieben wurde. Insofern stellen neue mobile Geräte wie der

Tablet-Computer zwar nicht die Rettung der von Auflagenverlusten gebeutelten
Verlagsbranche dar, aber sie können möglicherweise ein Umdenken beschleunigen, wie Nutzer im digitalen Zeitalter medial angesprochen werden müssen.

Denn eins ist klar geworden: Mit den alten Erzählweisen werden die meisten Medienmarken im Wettrennen um Nutzer-Aufmerksamkeit kaum mehr
eine Perspektive haben. Sollen journalistische Produkte auf lange Sicht nicht
zu spezialisierten Nischenangeboten für kleine Nutzergruppen werden, sondern weiterhin auch eine breite Nutzermasse erreichen, muss sich das journalistische Storytelling und auch das Selbstverständnis vieler Journalisten weiter
verändern. Wer das beherzigt, muss die Folgen der Digitalisierung nicht fürchten. Für ihn stellt dieser Wandel eine spannende Chance dar, neue Formen des
Qualitätsjournalismus zu entdecken. Allein die technische Weiterentwicklung
von Endgeräten und Software wie beispielsweise Content Management Systemen
zwingt jeden Journalisten, sich fortwährend weiterzubilden und dazu zu lernen,
wenn er nicht den Anschluss verpassen will. Damit einhergehend empfiehlt es
sich immer auch zu prüfen, was altbekannte Darstellungsformen noch taugen, ob
sie noch zeitgemäß sind oder durch neue bzw. weiterentwickelte Formate ersetzt
werden sollten.

Digitale Plattformen wie Tablets bergen die Chance für ein besseres
Storytelling, das Text, Fotos, Audio, Bewegtbild, Grafik und interaktive Elemente
auf ein und derselben Oberfläche kombiniert. Wobei hier gilt, dass weniger
manchmal auch mehr sein kann. Die Sinnhaftigkeit jedes einzelnen Elements
sollte im Redaktionsalltag stets hinterfragt werden: Braucht man ein zusätzliches
multimediales Element wirklich, um die Geschichte besser zu erzählen? Oder
macht man es bloß, weil es eben möglich ist?

Werden die in diesem Buch vorgestellten Multimedia-Werkzeuge jedoch
den journalistischen Inhalten angemessen eingesetzt und die Regeln digitalen
Storytellings beachtet, lassen sich ganz nebenbei am Ende vom Tag auch einige
elementare Fragen aus den Führungsetagen vieler Medienhäuser beantworten: Ja, auch im Zeitalter von Google, Facebook & Co lässt sich mit journalistischen Inhalten noch Geld verdienen. Ja, auch öffentlich-rechtliche Sendungen
haben eine publikumsstarke Perspektive in der digitalen Medienwelt. Ja, auch
in Zukunft werden Menschen gut gemachten Journalismus nachfragen und
schätzen.

→ Website zum Buch: www.digitales-storytelling.de

Die Welt ist voller guter Geschichten. Sie warten nur darauf, gefunden und gut erzählt zu werden.

(Feist/Karsch/Scheel, 2010)

S. Sturm, *Digitales Storytelling*, DOI: 10.1007/978-3-658-02013-2,
© Springer Fachmedien Wiesbaden 2013

Verzeichnis praktischer Beispiele

Animation „7 Billion“ auf der Video-Plattform Vimeo. URL: http://video. nationalgeographic.com/video/the-magazine/the-magazine-latest/ngm-7billion/

ARD-Mediathek. URL: http://www.ardmediathek.de

Applikation „Wikihood.“ URL: http://itunes.apple.com/de/app/wikihood/ id317776221?mt=8

Audio-Slideshow-Serie „Berlin-Folgen“ auf taz.de. URL: http://berlinfolgen.2470media. eu/index.96.de.html

Bank-O-Mat bei Handelsblatt Online. URL: http://www.handelsblatt.com/ unternehmen/banken/deutsche-bank-hauptversammlung/

Bergman, David (2009): President Barack Obama's Inaugural Address. In: GigaPan.com, 21.01.2009. URL: http://gigapan.com/gigapans/15374

Blog-Reihe eines russischen Bloggers aus Moskau. URL der ersten Folge: http://www. handelsblatt.com/meinung/gastbeitraege/moskauer-blogger-russland-ist-aufgewacht/5987536.html

Crowd Sourcing-Projekt des Guardian. URL: http://mps-expenses.guardian.co.uk/

360-Grad-Panorama zur Loveparade-Katastrophe auf WDR.de. URL: http://www1. wdr.de/themen/archiv/sp_loveparade/loveparade150.html

360-Grad Video zu der Erdbebenkatastrophe in Haiti auf der Website von CNN. URL: http://edition.cnn.com/interactive/2010/01/world/haiti.360/index.html

Eilmeldungsangebot von Spiegel Online. URL: http://www.spiegel.de/dienste/ 0,1518,634562,00.html

Fluglärm-Karte BBI-Airport auf taz.de. URL: http://dominikruisinger.wordpress. com/tag/fluglarm-karte/

Fotoserie „The Big Picture“. URL: http://www.boston.com/bigpicture/

Geo Special New York im App Store von Apple. URL: http://itunes.apple. com/de/app/geo-special-new-york/id451740011?mt=8&affId=2103267&ign-mpt=uo%3D4

Google News Map. URL: http://newsmap.jp/

S. Sturm, *Digitales Storytelling*, DOI: 10.1007/978-3-658-02013-2,
© Springer Fachmedien Wiesbaden 2013

Grußwort des Chefredakteurs auf Zeit Online. URL: http://www.zeit.de/
administratives/2013-01/die-zeit

Hurricane-Tracker des US-Nachrichtensenders MSNBC. URL: http://www.
msnbc.msn.com/id/26295161/ns/weather/t/hurricane-tracker/#.T8X8TL8zco0

Infinity-Fotos auf der Website von National Geographic. URL: http://travel.
nationalgeographic.com/travel/national-parks/infinite-photo/

Interaktive Infografik des Guardian zu Homosexuellen-Rechten in den USA.
URL: http://www.guardian.co.uk/world/interactive/2012/may/08/gay-rights-
united-states

Interaktive Zeitleiste „Islamistischer Terror seit 2001" von Spiegel Online. URL:
http://www.spiegel.de/flash/flash-22816.html

iPhone-App des privaten Nachrichtensenders n-tv. URL: http://itunes.
apple.com/app/n-tv-iphone-edition/id337056601?mt=8

iPad-App von Focus Online, Version 1.2.4. URL: http://itunes.apple.com/de/app/
focus-online-ipad/id373987529?mt=8

iPad-App von radio.de. URL: http://www.radio.de/ipad/

iPad-Ausgabe des Süddeutsche Zeitung Magazins. URL: http://sz-magazin.
sueddeutsche.de/ipad/

Luftaufnahmen in 360 Grad aus Moskau. URL: http://www.airpano.ru/files/
Moscow-Bolotnaya-Square-Rally/start_r.html

Nachrichten-Ticker auf WDR.de. URL: http://www.wdr.de

Newsgame auf der Seite der dazugehörigen Dokumentation „Inside Disaster".
URL: http://insidedisaster.com/haiti/experience

Newsgame „Budget Puzzle" auf der Website der New York Times. URL: http://
www.nytimes.com/interactive/2010/11/13/weekinreview/deficits-graphic.html

Online-Kartendienst von Google. URL: http://maps.google.de/

Panorama-Bild „We're all gonna die – 100 meters of human existence" auf der
Website des Fotografenn Simon Høgsberg. URL: http://www.simonhoegsberg.
com/we_are_all_gonna_die/slider.html

Multiperspektiven-Geschichte auf der Website von National Geographic. URL:
http://channel.nationalgeographic.com/channel/inside911/main.html

Newsletter-Angebot „Morning Briefing" des Handelsblatts. URL:
http://handelsblatt-onlineservices.de/morning_briefing/subscribe.html

Showroom der App Handelsblatt First. URL: http://www.economy-one.de/
swfapps/ipad/first/showroom/

Spiegel Online-Serie „1000 Fragen". URL: http://www.spiegel.de/thema/1000_fragen/

Tag-Cloud auf WDR.de. URL: http://www.wdr.de/mediathek/html/regional/tagcloud/
index.xml

Themenpaket zu „Wikileaks" bei Spiegel Online. URL: http://www.spiegel.de/thema/wikileaks/

Upload-Seite für „Leserreporter" bei Bild.de. URL: http://www.bild.de/news/leserreporter/leserreporter/anmeldung-foto-3479894.bild.html

Upload-Seite des US-Fernsehsenders CNN. URL: http://ireport.cnn.com/

Verlagsangebot eines Audio-Abos bei Zeit Online. URL: https://premium.zeit.de/abo/audio

Video-Blogs der ARD. URL: http://www.nachtmagazin.de/videoblog/index.html

Video-Kolumnen des Spiegel-Journalisten Matthias Matussek. URL: http://www.spiegel.de/thema/matusseks_kulturtipp/

Video-Prolog des Web-Specials „5 Years Later – Hurricane Katrina". In: USAtoday.com. URL: http://projects.usatoday.com/news/katrina/#/prologue/the-storm/the-storm

Vuvox-Collage zu Helmut Schmidts Leben bei Zeit Online. URL: http://www.zeit.de/online/2008/49/schmidt-timeline

WDR-Radio-App. URL: http://itunes.apple.com/de/app/wdr-radio-fur-ipad/id375730052?mt=8

Web-Doku „Prison Valley" auf der Website von ARTE. URL: http://prisonvalley.arte.tv/?lang=de

Web-Dossier „Dollars for Docs" von ProPublica. URL: http://projects.propublica.org/docdollars/

Web-Reportage „Snow Fall: The Avalanche at Tunnel Creek" von der New York Times. URL: http://www.nytimes.com/projects/2012/snow-fall/#/?part=tunnel-creek

Webseite der WAZ zum Datei-Upload. URL: https://upload.derwesten-recherche.org/upload/

Website des UN-Spiels „Food Force". URL: http://www.wfp.org/how-to-help/individuals/food-force

Wired Magazine im App Store von Apple. URL: http://itunes.apple.com/de/app/wired-magazine/id373903654?mt=8

ZDF-Mediathek. URL: www.zdf.de/ZDFmediathek

Zeit Shop. URL: http://shop.zeit.de/

Zeitraffer-Video von Matthias Makarinus: Berlin Dynamic. In: Vimeo.com, 07.09.2011. URL: http://vimeo.com/28706929

Zugmonitor der Süddeutschen Zeitung. URL: http://zugmonitor.sueddeutsche.de/

Quellenverzeichnis

Monografien, Sammelbände und Studien:

Bechtel, Uthelm (2011): iPad 2. Das Handbuch. München

Beck, Klaus/Reineck, Dennis/Schubert, Christiane (2010): Journalistische Qualität in der Wirtschaftskrise. Konstanz

Blaes, Ruth/Heussen, Gregor A. (Hrsg.) (1997): ABC des Fernsehens. Konstanz

Brockhaus Enzyklopädie. In vierundzwanzig Bänden. Mannheim, 1992, Neunzehnte, völlig neu bearbeitete Aufl., Bd. 5

Brockhaus Enzyklopädie in 30 Bänden. Mannheim, 2006, 21. Aufl., Bd. 22

Bucher, Hans-Jürgen/Altmeppen, Klaus-Dieter (Hrsg.) (2003): Qualität im Journalismus. Grundlagen – Dimensionen – Praxismodelle. Wiesbaden

Bucher, Hans-Jürgen/Gloning, Thomas/Lehnen, Katrin (Hrsg.) (2010): Neue Medien – neue Formate. Ausdifferenzierung und Konvergenz in der Medienkommunikation. Frankfurt/New York

Bundesverband Deutscher Zeitungsverleger (Hrsg.) (2012): Zeitungen 2011/2012. Berlin

Bundesverband Deutscher Zeitungsverleger (Hrsg.) (2012): Die deutschen Zeitungen in Zahlen und Daten. Auszug aus dem Jahrbuch „Zeitungen 2011/12". Berlin

Burkart, Roland (2002): Kommunikationswissenschaft. Wien/Köln/Weimar, 4. überarbeitete und aktualisierte Aufl.

Burkhardt, Steffen (Hrsg.) (2009): Praktischer Journalismus. München

Campbell, Joseph (1978): Der Heros in tausend Gestalten. Frankfurt am Main

Csikszentmihalyi, Mihaly/Jackson, Susan A. (2000): Flow im Sport. Der Schlüssel zur optimalen Erfahrung und Leistung. München

Dittler, Ulrich/Hoyer, Michael (Hrsg.) (2006): Machen Computer Kinder dumm? Wirkung interaktiver, digitaler Medien auf Kinder und Jugendliche aus medienpsychologischer und mediendidaktischer Sicht. München

Duden. Das große Fremdwörterbuch. Mannheim, 2003, 3. Aufl.

Eibl, Maximilian/Reiterer, Harald/Stephan, Peter Friedrich u. a. (Hrsg.) (2006): Knowledge Media Design. Theorie – Methodik – Praxis. München, 2. Aufl.

Eibl, Maximilian (2011): Dynamische Medien. Herdecke/Witten

Esslin, Martin (1978): Was ist ein Drama? Eine Einführung. München

Fengler, Susanne/Kretzschmar, Sonja (Hrsg.) (2009): Innovationen für den Journalismus. Wiesbaden

S. Sturm, *Digitales Storytelling*, DOI: 10.1007/978-3-658-02013-2,
© Springer Fachmedien Wiesbaden 2013

Field, Syd/Märthesheimer, Peter/Längsfeld, Wolfgang u. a. (Hrsg.) (1996): Drehbuchschreiben für Fernsehen und Film. Ein Handbuch für Ausbildung und Praxis. München

Flick, Uwe/Kardorff, Ernst von/Steinke, Ines (Hrsg.) (2008): Qualitative Forschung. Ein Handbuch. Reinbek bei Hamburg

Flick, Uwe (2009): Qualitative Sozialforschung. Eine Einführung. Reinbek bei Hamburg

Gray, Jonathan/Chambers, Lucy/Bounegru, Liliana (2012): The Data Journalism Handbook. URL: http://datajournalismhandbook.org/1.0/en/

Hagen, Lutz M. (1995): Informationsqualität von Nachrichten. Messmethoden und ihre Anwendung auf die Dienste von Nachrichtenagenturen. Opladen

Häusermann, Jürg (2008): Schreiben. Konstanz

Heijnk, Stefan (2011): Texten fürs Web. Planen, schreiben, multimedial erzählen. Das Handbuch für Online-Journalisten. 2. überarbeitete und erweiterte Aufl. Heidelberg

Henning, Peter A. (2007): Taschenbuch Multimedia. München, 4. Aufl.

Herczeg, Michael (2007): Einführung in die Medieninformatik. München/Wien

Herrmann, Friederike (Hg) (2006): Unter Druck. Die journalistische Textwerkstatt. Erfahrungen, Analysen, Übungen. Wiesbaden

Hoffmeyer-Zlotnik, Jürgen H. P. (Hrsg.) (1992): Analyse verbaler Daten. Über den Umgang mit qualitativen Daten. Opladen

Holtorf, Christian/Pias, Claus (Hrsg.) (2007): Escape! Computerspiele als Kulturtechnik. Köln/Weimar/Wien

Holzinger, Thomas/Sturmer, Martin (2010): Die Online-Redaktion. Praxisbuch für den Internetjournalismus. Berlin/Heidelberg

Jakubetz, Christian/Langer, Ulrike/Hohlfeld, Ralf (Hrsg.) (2011): Universalcode. Journalismus im digitalen Zeitalter. München

Jakubetz, Christian (2011): Crossmedia. Konstanz, 2. überarbeitete Aufl.

Jarren, Otfried/Bonfadelli, Heinz (Hrsg.) (2001): Einführung in die Publizistikwissenschaft. Bern/Stuttgart/Wien

Kandorfer, Pierre (1994): DuMont's Lehrbuch der Filmgestaltung. Theoretisch-technische Grundlagen der Filmkunde. Köln

Kerstan, Peter (2000): Der journalistische Film. Jetzt aber richtig. Frankfurt am Main

Kimpeler, Simone/Mangold, Michael/Schweiger, Wolfgang (Hrsg.) (2007): Die digitale Herausforderung. Zehn Jahre Forschung zur computervermittelten Kommunikation. Wiesbaden

Klimmt, Christoph (2006): Computerspielen als Handlung. Dimensionen und Determinanten des Erlebens interaktiver Unterhaltungsangebote. Bd. 2, Köln

Kramp, Leif/Weichert, Stephan (2012b): Innovationsreport Journalismus. Ökonomische, medienpolitische und handwerkliche Faktoren im Wandel. Bonn

Krützen, Michaela (2004): Dramaturgie des Films. Wie Hollywood erzählt. Frankfurt am Main

Kurz, Josef/Müller, Daniel/Pöttker, Horst u. a. (2010): Stilistik für Journalisten. Wiesbaden, 2. Aufl.

Lamnek, Siegfried (2005): Qualitative Sozialforschung. Weinheim/Basel

Lampert, Marie/Wespe, Rolf (2011): Storytelling für Journalisten. Konstanz

La Roche, Walther von (2008): Einführung in den praktischen Journalismus. Mit genauer Beschreibung aller Ausbildungswege. Berlin, 18. Aufl.

La Roche, Walther von/Buchholz, Axel (Hrsg.) (2009): Radio-Journalismus. Ein Handbuch für Ausbildung und Praxis im Hörfunk. Berlin, 9. Aufl.

Löffelholz, Martin (Hrsg.) (2000): Theorien des Journalismus. Ein diskursives Handbuch. Wiesbaden

Löffelholz, Martin (Hrsg.) (2004): Theorien des Journalismus. Ein diskursives Handbuch. Opladen, 2. Aufl.

Malaka, Rainer/Butz, Andreas/Hußmann, Heinrich (2009): Medieninformatik. Eine Einführung. München

Mangold, Michael/Weibel, Peter/Woletz, Julie (Hrsg.) (2007): Vom Betrachter zum Gestalter. Neue Medien in Museen – Strategien, Beispiele und Perspektiven für die Bildung. Baden-Baden

Mast, Claudia (Hrsg.) (2008): ABC des Journalismus. Ein Handbuch. 11., überarbeitete Aufl. Konstanz

Matzen, Nea (2010): Onlinejournalismus. Konstanz

Meier, Klaus (2002): Internet-Journalismus. Konstanz, 3. Aufl.

Meier, Klaus (2007): Journalistik. Konstanz, 2007

Ordolff, Martin/Wachtel, Stefan (2009): Texten für TV. Konstanz, 3. Aufl.

Przyborski, Aglaja/Wohlrab-Sahr, Monika (2009): Qualitative Sozialforschung. Ein Arbeitsbuch. München

Quandt, Thorsten/Wimmer, Jeffrey/Wolling, Jens (Hrsg.) (2008): Die Computerspieler. Studien zur Nutzung von Computergames. Wiesbaden

Quinn, Stephen (2005): Convergent journalism. The fundamentals of multimedia reporting. New York

Roloff, Eckart Klaus (1982): Journalistische Textgattungen. München

Rossig, Julian (2007): Fotojournalismus. Konstanz, 2. Aufl.

Rössler, Patrick/Scherer, Helmut/Schlütz, Daniela (Hrsg.) (2004): Nutzung von Medienspielen – Spiele der Mediennutzer. Bd. 6, München

Schneider, Wolf (2011): Deutsch für junge Profis. Wie man gut und lebendig schreibt. Reinbek bei Hamburg

Schneider, Wolf/Raue, Paul-Josef (2012): Das neue Handbuch des Journalismus und des Online-Journalismus. Reinbek bei Hamburg

Schult, Gerhard/Buchholz, Axel (Hrsg.) (2011): Fernsehjournalismus. Ein Handbuch für Ausbildung und Praxis. Berlin, 8. Aufl.

Schumacher, Peter (2009): Rezeption als Interaktion. Wahrnehmung und Nutzung multimodaler Darstellungsformen im Online-Journalismus. Baden-Baden

Schwanebeck, Axel/Schröder, Michael (Hrsg.) (2011): Qualität unter Druck: Journalismus im Internet-Zeitalter. Baden-Baden

Seger, Linda (1997): Das Geheimnis guter Drehbücher. Berlin

Simons, Anton (2011): Journalismus 2.0. Konstanz

Spang, Wolfgang (2006): Qualität im Radio. Determinanten der Qualitätsdiskussion im öffentlich-rechtlichen Hörfunk in Deutschland. St. Ingbert

Vowe, Gerhard/Wolling, Jens (2004): Radioqualität – was die Hörer wollen und was die Sender bieten. Vergleichende Untersuchung zu Qualitätsmerkmalen und Qualitätsbewertungen von Radioprogrammen in Thüringen, Sachsen-Anhalt und Hessen. München

Wachtel, Stefan (2009): Schreiben fürs Hören. Trainingstexte, Regeln und Methoden. Konstanz, 4. Aufl.

Wallisch, Gian-Luca (1995): Journalistische Qualität. Definitionen – Modelle – Kritik. Konstanz

Weichert, Stephan/Kramp, Leif/Jakobs, Hans-Jürgen (Hrsg.) (2010): Wozu noch Journalismus? Wie das Internet einen Beruf verändert. Göttingen
Weischenberg, Siegfried (2001): Nachrichten-Journalismus. Anleitungen und Qualitäts-Standards für die Medienpraxis. Wiesbaden
Weischer, Christoph (2007): Sozialforschung. Konstanz
Witzke, Bodo/Rothaus, Ulli (2003): Die Fernsehreportage. Konstanz

Aufsätze in Sammelbänden:

Bock, Marlene (1992): Das halbstrukturierte-leitfadenorientierte Tiefeninterview. Theorie und Praxis der Methode am Beispiel von Paarinterviews. In: Hoffmeyer-Zlotnik, Jürgen H. P. (Hrsg.): Analyse verbaler Daten. Über den Umgang mit qualitativen Daten. Opladen, S. 90–109
Bucher, Hans Jürgen (2003): Journalistische Qualität und Theorien des Journalismus. In: Bucher, Hans-Jürgen/Altmeppen, Klaus-Dieter (Hrsg.): Qualität im Journalismus. Grundlagen – Dimensionen – Praxismodelle. Wiesbaden, S. 11–34
Bucher, Hans-Jürgen/Gloning, Thomas/Lehnen, Katrin (2010): Medienformate: Ausdifferenzierung und Konvergenz – zum Zusammenhang von Medienwandel und Formatwandel. In: Bucher, Hans-Jürgen/Gloning, Thomas/Lehnen, Katrin (Hrsg.): Neue Medien – neue Formate. Ausdifferenzierung und Konvergenz in der Medienkommunikation. Frankfurt/New York, S. 9–38
Dahinden, Urs/Hättenschwiler, Walter (2001): Forschungsmethoden in der Publizistikwissenschaft. In: Jarren, Otfried/Bonfadelli, Heinz (Hrsg.): Einführung in die Publizistikwissenschaft. Bern/Stuttgart/Wien, S. 489–527
Fabris, Hans Heinz (2004): Vielfältige Qualität. Theorien zur Analyse der Qualität des Journalismus. In: Löffelholz, Martin (Hrsg.): Theorien des Journalismus. Ein diskursives Handbuch. Opladen, 2. Aufl., S. 393–404
Feist, Holger/Karsch, Myriam/Scheel, Julia (2010): Die gute Geschichte. Kernkompetenz in konvergenten Zeiten. In: Hohlfeld, Ralf/Müller, Philipp/Richter, Annekathrin/Zacher, Franziska (Hrsg.): Crossmedia – Wer bleibt auf der Strecke? Beiträge aus Wissenschaft und Praxis. Berlin, S. 228–232
Flick, Uwe/Kardorff, Ernst von/Steinke, Ines (2008): Was ist qualitative Forschung? Einleitung und Überblick. In: Flick, Uwe/Kardorff, Ernst von/Steinke, Ines (Hrsg.): Qualitative Forschung. Ein Handbuch. Reinbek bei Hamburg, S. 12–29
Fritz, Jürgen (2006): Zur Faszinationskraft virtueller Spielewelten. In: Dittler, Ulrich/Hoyer, Michael (Hrsg.): Machen Computer Kinder dumm? Wirkung interaktiver, digitaler Medien auf Kinder und Jugendliche aus medienpsychologischer und mediendidaktischer Sicht. München, S. 119–146
Fritz, Jürgen (2007): Virtuell spielen – real erleben. In: Holtorf, Christian/Pias, Claus (Hrsg.): Escape! Computerspiele als Kulturtechnik. Köln/Weimar/Wien, S. 129–146
Fritz, Jürgen: (2008): Spielen in virtuellen Gemeinschaften. In: Quandt, Thorsten/Wimmer, Jeffrey/Wolling, Jens (Hrsg.): Die Computerspieler. Studien zur Nutzung von Computergames. Wiesbaden, S. 135–148

Goderbauer-Marchner, Gabriele (2010): Qualitätsjournalismus im Crossmedia-Zeitalter. Passt das zusammen? In: Hohlfeld, Ralf/Müller, Philipp/Richter, Annekathrin/Zacher, Franziska (Hrsg.): Crossmedia – Wer bleibt auf der Strecke? Beiträge aus Wissenschaft und Praxis. Berlin, S. 70–91

Gutjahr, Richard (2011): Nichts um seiner selbst willen. In: Jakubetz, Christian/Langer, Ulrike/Hohlfeld, Ralf (Hrsg.): Universalcode. Journalismus im digitalen Zeitalter. München, S. 543–554

Hauser, Stefan (2010): Der Liveticker in der Online-Berichterstattung: zur Entstehung einer neuen Mediengattung. In: Bucher, Hans-Jürgen/Gloning, Thomas/Lehnen, Katrin (Hrsg.): Neue Medien – neue Formate. Ausdifferenzierung und Konvergenz in der Medienkommunikation. Frankfurt/New York, S. 207–225

Heussen, Gregor Alexander (1997): Erzählende Formen. Eine Geschichte eben. In: Blaes, Ruth/Heussen, Gregor A. (Hrsg.): ABC des Fernsehens. Konstanz, S. 264–278

Klimmt, Christoph (2004): Die Nutzung von Computer- und Videospielen – aktives Spielen am Bildschirm. In: Rössler, Patrick/Scherer, Helmut/Schlütz, Daniela (Hrsg.): Nutzung von Medienspielen – Spiele der Mediennutzer. Bd. 6, München, S. 135–163

Lilienthal, Volker (2011): Qualität unter Druck – Journalismus im Internetzeitalter. In: Schwanebeck, Axel/Schröder, Michael (Hrsg.): Qualität unter Druck: Journalismus im Internet-Zeitalter. Baden-Baden, S. 49–59

Mangold, Michael (2007): Bildung, Wissen, Narrativität. Wissensvermittlung durch Digital Storytelling nicht nur für Museen. In: Mangold, Michael/Weibel, Peter/Woletz, Julie (Hrsg.): Vom Betrachter zum Gestalter. Neue Medien in Museen – Strategien, Beispiele und Perspektiven für die Bildung. Baden-Baden, S. 33–48

Meier, Christian (2011): Euphorie, Ernüchterung, Professionalisierung – Der lange Weg zum App-Erfolg. In: Bundesverband Deutscher Zeitungsverleger (Hrsg.): Zeitungen 2011/2012, Berlin, S.141–158

Meier, Klaus (2002): Neue journalistische Formen. In: Meier, Klaus (Hrsg.): Internet-Journalismus: Ein Leitfaden für ein neues Medium. Konstanz, 3. Aufl., S. 21–171

Meier, Klaus (2003): Qualität im Online-Journalismus. In: Bucher, Hans-Jürgen/Altmeppen, Klaus-Dieter (Hrsg.): Qualität im Journalismus. Grundlagen – Dimensionen – Praxismodelle. Wiesbaden, S. 247–266

Niggemeier, Stefan (2010): Vorteil Internet. In: Weichert, Stephan/Kramp, Leif/Jakobs, Hans-Jürgen (Hrsg.): Wozu noch Journalismus? Wie das Internet einen Beruf verändert. Göttingen, S. 41–46

Pasquay, Anja (2012): Zur wirtschaftlichen Lage der Zeitungen in Deutschland 2011. In: Bundesverband Deutscher Zeitungsverleger e. V. (Hrsg.): Die deutschen Zeitungen in Zahlen und Daten. Auszug aus dem Jahrbuch Zeitungen 2011/12. Berlin, S. 5–7

Plöchinger, Stefan (2011): Wie man erfolgreich eine Seite macht: „Blattmachen" im Netz. In: Jakubetz, Christian/Langer, Ulrike/Hohlfeld, Ralf (Hrsg.): Universalcode. Journalismus im digitalen Zeitalter. München, S. 43–81

Pöttker, Horst (2000): Kompensation von Komplexität. Journalismustheorie als Begründung journalistischer Qualitätsmaßstäbe. In: Löffelholz, Martin (Hrsg.): Theorien des Journalismus. Ein diskursives Handbuch. Wiesbaden, 1. Aufl., S. 375–390

Prantl, Heribert (2010): Niemand muss sich fürchten. Ein Geleitwort. In: Weichert, Stephan/Kramp, Leif/Jakobs, Hans-Jürgen (Hrsg.): Wozu noch Journalismus? Wie das Internet einen Beruf verändert. Göttingen, S. 7–10

Radü, Jens (2009): Innovative Darstellungsformen I: Mehrwert statt Spielerei: Schöne neue Videowelt. Komplementäre multimediale Erzählstrategien im Internet. Sichtweisen der Praxis. In: Fengler, Susanne/Kretzschmar, Sonja (Hrsg.): Innovationen für den Journalismus. Wiesbaden, S. 58–69

Spierling, Ulrike (2006): Interactive Digital Storytelling als eine Methode der Wissensvermittlung. In: Eibl, Maximilian/Reiterer, Harald/Stephan, Peter Friedrich u. a. (Hrsg.): Knowledge Media Design. Theorie – Methodik – Praxis. München, 2. Aufl., S. 245–279

Theile, Jonas (2009): Darstellungsformen in den neuen Medien. In: Burkhardt, Steffen (Hrsg.): Praktischer Journalismus. München, S. 259–271

Wilke, Jürgen (2003): Zur Geschichte der journalistischen Qualität. In: Bucher, Hans-Jürgen/Altmeppen, Klaus-Dieter (Hrsg.): Qualität im Journalismus. Grundlagen – Dimensionen – Praxismodelle. Wiesbaden, S. 35–54

Woletz, Julie (2007): Zur Entwicklung des Digital Storytelling am Beispiel der Videostories im Internet. In: Kimpeler, Simone/Mangold, Michael/Schweiger, Wolfgang (Hrsg.): Die digitale Herausforderung. Zehn Jahre Forschung zur computervermittelten Kommunikation. Wiesbaden, S. 159–169

Aufsätze und Artikel aus Zeitschriften und Zeitungen:

Bernau, Varinia/Graff, Bernd (2012): Das Flachding mit der Fingerbedienung. In: Süddeutsche Zeitung, 05.03.2012, S. 19

Böttcher, Dirk (2012): Die ewig Treuen. In: brand eins, Ausgabe 05/2012, S. 58–63

brand eins Medien AG (2012): Schwerpunkt: Loyalität. Prolog. In: brand eins, Ausgabe 05/2012, S. 37

Götzenbrucker, Gerit (2009): Editorial. In: Medien Journal. Zeitschrift für Kommunikationskultur. Digitale Spielewelten. Ausgabe 2/2009, S. 2

Gräsche, Constanze/Selz, Laura (2012a): Die Welt in Zahlen. In: brand eins, Ausgabe 05/2012, S. 10

Gräsche, Constanze (2012b): Hinter der Statistik: Dann kam auch noch Glück dazu. In: brand eins, Ausgabe 05/2012, S. 34

Haller, Michael (2002): Das WWW ist eine Krücke. In: Message Werkstatt 1/2002, S. 6–9

Hengl, Hans-Thomas (2012): Handy als Fernbedienung des Lebens. In: Tendenz. Das Magazin der Bayerischen Landeszentrale für neue Medien, Ausgabe 1/2012, S. 6–11

Keel, Guido/Perrin, Daniel (2009): Multimedial erzählen. In: message Werkstatt Journalismus, Ausgabe 1/2009

Konjovic, Georg (2012): Alles eine Frage der Nutzung. In: Tendenz. Das Magazin der Bayerischen Landeszentrale für neue Medien, Ausgabe 1/2012, S. 16–17

Kramp, Leif/Weichert, Stephan (2012a): Bedingt innovativ. Wie Zeitungen auf die Medienkrise reagieren. In: epd medien, 20.04.2012, Ausgabe 16, S. 5–9

Kuhn, Axel (2009): Einfluss sozialer Interaktion auf Flow-Erleben in virtuellen Wirklichkeiten. In: Medien Journal. Zeitschrift für Kommunikationskultur. Digitale Spielewelten. Ausgabe 2/2009, S. 45–59

Küpper, Norbert (2010): Der dritte Weg. In: Journalisten-Werkstatt zur Infografik (Beilage des Medium Magazins, Ausgabe 10/11 2010), S. 2

Kurp, Matthias (2010): Der iPad-Hype. Ein Gerät von Apple: Hoffnung für die Medienwelt oder Weg in die Abhängigkeit? In: Funkkorrespondenz, Ausgabe 20/2010, S. 3–7

Langer, Ulrike (2011): Wozu Datenjournalismus? In: Journalisten-Werkstatt zu Datenjournalismus (Beilage des Medium Magazins, Ausgabe 1/2/2011), S. 2–3

Martens, René (2011): Das Spiel mit der Nachricht. In: Journalist, Ausgabe 2/2011, S. 70–73

Neys, Joyce/Jansz, Jeroen (2010): Political Internet games: Engaging an audience. In: European Journal of Communication. Ausgabe 3/2010, S. 227–241

Ruß-Mohl, Stephan (1992): Am eigenen Schopfe.... Qualitätssicherung im Journalismus – Grundfragen, Ansätze, Näherungsversuche. In: Publizistik, 37. Jahrgang, Heft 1, S. 83–96

Salmon, Christian (2006): Eine gute Story. Die Macht ist mit dem, der die beste Geschichte erzählt. In: Le Monde diplomatique, 10.11.2006, S. 22–23

Sherry, John L. (2004): Flow and Media Enjoyment. In: Communication Theory, Heft 4/2004, S. 328–347

Stöckl, Christian (2007): Zwischen Wirtschaftsfaktor und gesellschaftlicher Tabuisierung. Games-Markt wird für Medienbranche immer interessanter. In: Tendenz. Magazin für Funk und Fernsehen der Bayerischen Landeszentrale für neue Medien, Ausgabe 2/2007, S. 4–9

Warth, Stefan/Schneider, Silke/Schmeißer, Daniel (2010): User-Experience von Kindern im Internet. In: Media Perspektiven, Ausgabe 1/2010, S. 19–27

Weissmüller, Laura (2012): In vier Minuten durch die Entwicklung der Welt. In: Süddeutsche Zeitung, 30.04.2012, S. 11

Artikel aus dem Internet:

Becker, Alexander (2011): Japan-News: der Boom der Live-Ticker. In: meedia.de, 14.03.2011. URL: http://meedia.de/internet/japan-news-der-boom-der-live-ticker/2011/03/14.html

Biermann, Kai/Gatzke, Marcus (2010): BP-Boykott als Chance für eine Wende. In: Zeit Online, 24.06.2010. URL: http://www.zeit.de/wirtschaft/2010-06/bp-byokott-contra

Böhm, Thomas (2010): Über Fragezeichen. In: Deutsche Welle Online, 02.07.2010. URL: http://www.dw.de/dw/article/0,,5754233,00.html

Boie, Johannes (2010): „Where are you from?" – Öffentliche Recherche zu den Gangs von Los Angeles. In: Schaltzentrale [Weblog der Süddeutschen Zeitung], 11.08.2010. URL: http://blogs.sueddeutsche.de/schaltzentrale/2010/08/11/where-are-you-from-%E2%80%93-recherche-zu-den-gangs-von-los-angeles/

Bösch, Marcus (2009): Was ist Process Journalism. In: lab [Weblog der DW-Akademie], 14.06.2009. URL: http://training.dw-world.de/ausbildung/blogs/lab/?p=270

Bösch, Marcus (2010): Newsgames – Journalismus zum Spielen. In: lab [Weblog der DW-Akademie], 07.06.2010. URL: http://training.dw-world.de/ausbildung/blogs/lab/?p=1403

Buse, Uwe (2006): Die Stadt der Bälle. In: Der Spiegel, Ausgabe 12/2006 und Spiegel Online, 23.3.2006. URL: http://www.spiegel.de/spiegel/print/d-46332260.html

Busse, Caspar (2011): Um was Verlage und ARD eigentlich streiten. In. Süddeutsche.de, 13.10.2011. URL: http://www.sueddeutsche.de/medien/tagesschau-app-vor-gericht-um-was-verlage-und-ard-eigentlich-streiten-1.1162310

Deutsche Presse-Agentur (2012a): Microsoft präsentiert iPad-Konkurrenten „Surface". In: FAZ.net, 19.06.2012. URL: http://www.faz.net/aktuell/technik-motor/computer-internet/tablet-computer-vorgestellt-microsoft-praesentiert-ipad-konkurrenten-surface-11791223.html

Deutsche Presse-Agentur (2012b): Gespräche über „Tagesschau"-App gescheitert. In: Handelsblatt.com, 30.04.2012. URL: http://www.handelsblatt.com/unternehmen/itmedien/streit-mit-den-verlegern-gespraeche-ueber-tagesschau-app-gescheitert/657525 6.html

Eberl, Matthias (2008): Moderne Diashows. In: Onlinejournalismus.de, 2.11.2008. URL: http://www.onlinejournalismus.de/2008/11/02/moderne-diashows-audio-slideshows/

Feldhaus, Peter (2009): Projekt Talk: Simon Hoegsberg – 100 Meters of Existence. In: The Sonic Blog, 10.02.2009. URL: http://blog.sonicsites.de/2009/02/10/project-talk-simon-hoegsberg-100-meters-of-existence/

Geißler, Ralf (2012): Der gläserne Reporter. In: journalist Online, 05.09.2012. URL: http://www.journalist.de/aktuelles/meldungen/der-glaeserne-reporter-michalis-pantelouris.html

Helten, Christian (2010): Verlage entdecken vertonte Foto-Reportage für das iPad. In: Der Tagesspiegel Online, 19.09.2010. URL: http://www.tagesspiegel.de/medien/verlage-entdecken-vertonte-foto-reportagen-fuer-das-ipad/1937052.html

Hohensee, Matthias (2003): Zeitschrift im Rechner. In: WirtschaftsWoche Online, 24.02.2003. URL: http://www.wiwo.de/unternehmenmaerkte/zeitschrift-im-rechner-313595/

Jacobsen, Nils (2009): Flugzeugabsturz 2.0: Erstes Bild auf Twitter. In: Meedia.de, 16.01.2009. URL:http://meedia.de/internet/flugzeugabsturz-20-erstes-bild-auf-twitter/2009/01/16.html

Jentsch, Sebastian (2010): Netbook oder Tablet – wer ist der bessere Begleiter? In: PC Welt Online, 30.10.2010. URL: http://www.pcwelt.de/ratgeber/Mobile-Mini-PCs-Netbook-oder-Tablet-wer-ist-der-bessere-Begleiter-1033242.html

Jentsch, Sebastian (2010): Definition: Formfaktor und Technik. In: PC Welt Online, 30.10.2010. URL: http://www.pcwelt.de/ratgeber/Definition-Formfaktor-und-Technik-1033319.html

Kleinz, Torsten (2012): Facebook kauft mit Instagram nicht nur einen Konkurrenten. In: Zeit Online, 10.04.2012. URL: http://www.zeit.de/digital/mobil/2012-04/facebook-instagram-mobile-community

Klotsikas, Eleni (2010): Interview mit Guardian-Chefredakteur Alan Rusbridger. „Man kann nie sagen, wir haben es geschafft". In: Media.de, 26.10.2012. URL: http://meedia.de/print/man-kann-nie-sagen-wir-haben-es-geschafft/2010/10/25.html

Kögler, Nicole Franziska (2011): Haitis Katastrophe als Rollenspiel. In: Zeit Online, 12.01.2011. URL: http://www.zeit.de/digital/games/2011-01/serious-game-haiti

Kühl, Eike (2011): Prison Valley. In: Netzfilmblog auf Zeit Online, 12.09.2011. URL: http://blog.zeit.de/netzfilmblog/2011/09/12/prison-valley-die-gefaengnisstadt/

Kuhr, Daniela/Plöchinger, Stefan (2012): Im Netz der Problemzonen. In: Süddeutsche.de, 09.03.2012. URL: http://www.sueddeutsche.de/reise/bahn-verspaetungsanalyse-der-sz-im-netz-der-problemzonen-1.1304929

Kunze, Anne (2012): Nicht noch mehr Labels. In: Zeit Online, 13.01.2012. URL: http://www.zeit.de/2012/03/Verbraucher-Guetesiegel

Langer, Ulrike (2012): In den Laboren des Journalismus. In: Zeit Online, 09.03.2012. URL: http://www.zeit.de/gesellschaft/2012-03/journalismus-labore/seite-2

Leidel, Steffen (2010): Jetzt bloß nicht hyperinteraktiv werden… In: lab [Weblog der DW-Akademie], 18.08.2010. URL: http://training.dw-world.de/ausbildung/blogs/lab/?p=1552

Lensing Medien GmbH & Co. KG (ohne Datum): Wischen statt blättern. In: Ruhr Nachrichten Online. URL: http://www.ruhrnachrichten.de/service/abo/ezeitung/rn/art98963,1150317

Markoff, John (2005): Jack S. Kilby, an Inventor of the Microchip, Is Dead at 81. In: New York Times Online, 22.06.2005. URL: http://www.nytimes.com/2005/06/22/business/22kilby.html

Mischel, Roman (2003): Hypermedia Storytelling. Darstellungsformen im Online-Journalismus. In: Onlinejournalismus.de, 27.05.2003. URL: http://goa2003.onlinejournalismus.de/praxis/hypermedia_storytelling.php

Nickles, Michael (2010): 30 Jahren alter Apple „Tablet PC" gegen Ipad. In: Nickles.de, 14.08.2010. URL: http://www.nickles.de/c/n/30-jahre-alter-apple-tablet-pc-gegen-ipad-8561.htm

Pantelouris, Michalis (2010): Warum starb Susan Waade? In: Neon.de, 20.07.2010 bis 04.08.2010. URL: http://www.neon.de/artikel/sehen/gesellschaft/warum-starb-susan-waade/674658

Pitzke, Marc (2010): „First iPad sold goes to Bavaria". In: Spiegel Online, 03.04.2010. URL: http://www.spiegel.de/netzwelt/gadgets/0,1518,687199,00.html

Plöchinger, Stefan (2012): So denkt das Land über MUC-3. In: Süddeutsche.de, 11.06.2012. URL: http://www.sueddeutsche.de/bayern/karten-umfrage-zum-muenchner-startbahn-streit-so-denkt-das-land-ueber-muc--1.1378935

Pramstaller, Christopher (2011): Ein kleiner Chip, der die Welt veränderte. In: Süddeutsche.de, 13.12.2011. URL: http://www.sueddeutsche.de/kultur/google-doodle-fuer-robert-noyce-ein-kleiner-chip-der-die-welt-veraenderte-1.1232575

Reißmann, Ole (2012): Video-Portal Vimeo: Zahlen statt bezahlt werden. In: Spiegel Online, 21.05.2012. URL: http://www.spiegel.de/netzwelt/web/video-portal-vimeo-zahlen-statt-bezahlt-werden-a-832389.html

Rondthaler, Jakob (2011): Open Data in der Praxis. In: derFreitag.de, 04.08.2011. URL: http://www.freitag.de/wochenthema/1131-1131-06-07-bahn

Scholz, Merlin (2011): Deutsche Webdesigner umgehen den App Store. In: Welt Online, 17.06.2011. URL: http://www.welt.de/wirtschaft/webwelt/article13433055/Deutsche-Webdesigner-umgehen-den-App-Store.html

Schweizer Radio DRS (2011): Die Katastrophe zu Hause am Computer. In: DSR2.ch, 01.02.2011. URL: http://www.drs2.ch/www/de/drs2/sendungen/drs2aktuell/2643.bt10166855.html

Unbekannter Autor (2005): Jack Kilby ist tot. In: Spiegel Online, 22.06.2005. URL: http://www.spiegel.de/netzwelt/tech/0,1518,361619,00.html

Unbekannter Autor (2010): Ansturm auf das iPad. In: Süddeutsche.de, 03.04.2010. URL: http://www.sueddeutsche.de/digital/verkaufsstart-in-den-usa-sehnsucht-nach-dem-ipad-1.2903-2

Unbekannter Autor (ohne Datum): Was ist ein Tablet? In: CME.at. URL: http://cme.at/kaufberatung-2/warum-ein-tablet-kaufen/

Unbekannter Autor (2009): „Da ist ein Flugzeug im Hudson. Verrückt.". In: Süddeutsche.de, 16.01.2009. URL: http://www.sueddeutsche.de/panorama/augenzeugen-berichten-da-ist-ein-flugzeug-im-hudson-verrueckt-1.476012

Unbekannter Autor (2007): IPTV: So funktioniert Internet-Fernsehen. In: Computerbild.de, 01.12.2007. URL: http://www.computerbild.de/artikel/cb-Ratgeber-Kurse-Wissen-Ich-klick-TV-1971656.html

WAZ NewMedia GmbH & Co. KG (2012): Neue Radio-App für das iPad. In: Der Westen, 1.9.2012. URL: http://www.derwesten.de/wirtschaft/digital/neue-radio-app-fuer-das-ipad-id3407628.html

Weber, Jens Oliver (2012): Timelapse Zeitraffer Videos selbst erstellen. In: Perimetrik.de, 23.01.2012. URL: http://www.perimetrik.de/blog/allgemein/tutorial-timelapse-zeitraffer-videos-selbst-erstellen/

Zweites Deutsches Fernsehen (2012): Was bedeutet HDTV? In: tivi.de, 14.02.2012. URL: http://www.tivi.de/fernsehen/logo/artikel/31776/index2.html

Weitere Internetquellen:

Definition von Ego-Shooter. In: Netzwelt.de. URL: http://www.netzwelt.de/gaming/ego-shooter.html

Diagramm vom Online-Portal Statista: Entwicklung der mobilen Internetnutzung über Handy oder Smartphone in den Jahren 2006 bis 2011. URL: http://de.statista.com/statistik/daten/studie/165293/umfrage/internetnutzer-mit-mobilem-onlinezugang-ueber-handy-seit-2006/

Diagramm vom Online-Portal Statista: Anteil der mobilen Internetnutzer nach Altersgruppen in Deutschland in 2011. URL: http://de.statista.com/statistik/daten/studie/39362/umfrage/internetzugang-per-handy-in-2009-nach-altersklassen/

Grimme-Institut GmbH: Jury-Begründung zu den Preisträgern 2011. In: Website des Grimme-Instituts. URL: http://www.grimme-institut.de/html/index.php?id=1341

Hintergrundinformationen zum Wahl-O-Mat auf der Website der Bundeszentrale für politische Bildung. URL: http://www.bpb.de/politik/wahlen/wahl-o-mat/

Johanna-Quandt-Stiftung (2006): Pressmitteilung. Preisträger des 21. Herbert Quandt Medien-Preises stehen fest. Bad Homburg, 27.4.2006. URL: http://www.johanna-quandt-stiftung.de/downloads/pressemitteilungen/herbert_quandt_medien_preis_preis traeger_21.pdf

Schneider, Wolfgang: Übersicht über die Grundsätze der Dialoggestaltung nach DIN EN ISO 9241-110. In: ergo-online. URL: http://www.ergo-online.de/site.aspx?url=html/software/grundlagen_der_software_ergon/grundsaetze_der_dialoggestalt.htm

Diagramm vom Online-Portal Statista: Anzahl der bei Youtube pro Tag aufgerufenen Videos von Oktober 2009 bis Januar 2012 (in Milliarden). URL: http://de.statista.com/statistik/daten/studie/39174/umfrage/entwicklung-der-anzahl-views-pro-tag-auf-youtube-zeitreihe/

Süddeutsche Zeitung GmbH: Bilderstrecke: Sehnsucht nach dem iPad. In: Süddeutsche.de, 03.04.2010. URL: http://www.sueddeutsche.de/digital/verkaufsstart-in-den-usa-sehnsucht-nach-dem-ipad-1.2903

Tablet-Bestenliste auf Chip.de. URL: http://www.chip.de/bestenlisten/Bestenliste-Tablets--index/index/id/970/

TV-Interview des US-Nachrichtensenders MSNBC mit dem Augenzeugen Janis Krums. In: Vimeo.com. URL: http://vimeo.com/2841907

Website von „The Voice of Germany". URL: http://www.the-voice-of-germany.de/news/the-voice-of-germany-connect-1.2971469/

Sachwortverzeichnis

S. Sturm, *Digitales Storytelling*, DOI: 10.1007/978-3-658-02013-2,
© Springer Fachmedien Wiesbaden 2013